Gli Alleati
*dell'*Umanità

◆

LIBRO SECONDO

IL SECONDO INSIEME DI BRIEFING

Gli Alleati dell'Umanità

◆

LIBRO SECONDO

◆

Unità umana, libertà
e la realtà nascosta del contatto

Marshall Vian Summers

Gli Alleati dell'Umanità, Libro Secondo:
Unità umana, libertà e la realtà nascosta del contatto

Redazione a cura di Darlene Mitchell
Design del libro di Alan Bernhard, Boulder, CO
Design della copertina di Reed N. Summers

TITOLO ORIGINALE PUBBLICATO IN INGLESE

ISBN: 978-1-884238-35-1 *THE ALLIES OF HUMANITY, BOOK TWO: Human Unity, Freedom and the Hidden Reality of Contact*

NKL Italian POD Version 4.5

Library of Congress Control Number: 2001 130786

PUBLISHER'S CATALOGING-IN-PUBLICATION

Summers, Marshall.
  The allies of humanity, book two: human unity, freedom & the hidden reality of contact / Marshall Vian Summers
  p. cm.
  978-1-884238-35-1 (English print)
  978-1-965580-20-2 (Italian print)
  978-1-884238-62-8 (English ebook)
  978-1-965580-21-9 (Italian ebook)
  001.942
  QB101-700606

RINGRAZIAMENTI
Il libro che tenete tra le mani è il frutto della generosa donazione di altri. Ringraziamo tutti i lettori di tutto il mondo che hanno risposto all'appello e hanno generosamente donato per la produzione di questo libro. Aiutandoci a diffondere questo messaggio in tutto il mondo, state sostenendo il movimento popolare che sensibilizza l'umanità sulla grande sfida che attende tutti. Possa il vostro dono a sostegno della nostra libertà estendersi a lungo nel futuro.

Per ricevere informazioni sulle registrazioni audio, sui programmi educativi e sui servizi contemplativi della Society, visitate il sito web della Society o scrivete a:

THE SOCIETY FOR THE GREATER COMMUNITY WAY OF KNOWLEDGE
P.O. Box 1724 • Boulder, CO 80306-1724 • (303) 938-8401
society@newmessage.org
www.alliesofhumanity.org   www.newmessage.org
www.alliesofhumanity.org/it   www.newmessage.org/it

Dedicato ai

nostri alleati oltre il mondo

che desiderano condividere con noi

la loro conoscenza e saggezza

sulla vita nell'Universo,

affinché l'umanità possa

realizzare il suo destino di razza libera

nella Comunità Più Grande.

CONTENUTI

Le quattro domande fondamentali sulla presenza extraterrestre nel mondo oggi:

Che cosa sta succedendo?

Perché sta succedendo?

Che cosa significa?

Come ci possiamo preparare?

Questa seconda serie di Briefing degli Alleati dell'Umanità completa un messaggio cruciale riguardante la nostra vulnerabilità e il nostro potenziale all'interno della Comunità Più Grande, il più ampio universo fisico in cui viviamo. Comunicati da un piccolo gruppo di osservatori extraterrestri, i Briefing rivelano la vera natura e lo scopo di un'Intromissione extraterrestre in corso nel nostro mondo da parecchio tempo. Questo gruppo di osservatori rappresenta gli Alleati dell'Umanità, un'associazione di razze libere nell'universo che sostiene la preservazione della Conoscenza e della libertà in tutta la Comunità Più Grande. Gli Alleati si distinguono dalle forze di Intromissione presenti qui mantenendo le distanze e non interagendo direttamente con noi. Piuttosto, ci offrono la loro saggezza sulle realtà della vita nell'universo e un avvertimento sui pericoli e le conseguenze di un contatto prematuro tra umani ed extraterrestri.

L'arrivo dei *Briefing degli Alleati* è stato il risultato di una rara convergenza di tre potenti forze: l'extraterrestre, il Divino e l'umano. Furono queste forze essenziali a unirsi per permettere che i *Briefing degli Al-*

leati fossero trasmessi in una forma e in un linguaggio comprensibili alle persone comuni. In questo libro, ciascuna di queste voci è rappresentata: l'extraterrestre nei Briefing degli Alleati, il Divino nei Commentari dei Maestri e l'umano nel Messaggio di Marshall Vian Summers.

La storia di come nacquero i *Briefing degli Alleati dell'Umanità* è straordinaria quanto i Briefing stessi. Questa storia viene qui presentata in forma abbreviata affinché il lettore possa comprendere più a fondo lo scopo di questa grande collaborazione. Questa storia descrive il ruolo svolto dagli Alleati e dalla Presenza Angelica nel rendere possibile questa comunicazione, l'inspiegabile vita dell'uomo scelto per ricevere questo messaggio e l'importanza del messaggio stesso.

Prima di ricevere la prima serie di *Briefing degli Alleati*, Marshall Vian Summers aveva lavorato per oltre 20 anni con una Presenza Angelica di cui aveva imparato a fidarsi e su cui faceva sempre più affidamento nella sua vita e nel suo lavoro. Quella che era iniziata come un'esperienza di voce interiore, col tempo si trasformò in una relazione potente. Questa relazione lo preparò alla portata dell'Insegnamento nella Spiritualità della Comunità Più Grande che egli era destinato a ricevere e a rappresentare. In questi anni, scrisse circa 20 volumi, tutti in stato di rivelazione. Molti di questi scritti rimangono ancora inediti e attendono finanziamenti. Nel complesso, rappresentano una nuova comprensione della Conoscenza di Sé, della libertà e del posto dell'umanità all'interno di una Comunità Più Grande di vita intelligente. La sua immensa opera è la prova di questa relazione tra uomo e Divino e un giorno potrebbe essere considerata la prima Teologia del Contatto.

Il lungo rapporto di collaborazione di Marshall con questa Presenza Angelica preparò il terreno per il suo incontro con gli Alleati dell'Umanità, i quali, come Marshall avrebbe scoperto in seguito, erano anche studenti di questi *Maestri della Comunità Più Grande*. Furono questi straordinari Maestri ad affidare a Marshall l'Insegnamento nella Spiritualità della Comunità Più Grande e ad aprire una porta alle realtà della vita nell'universo attraverso il contatto con gli Alleati dell'Umanità.

Nel settembre del 1996, i Maestri resero possibile il primo contatto tra Marshall e gli Alleati. Questo contatto avvenne attraverso quello che potremmo definire un processo di comunicazione intuitiva attraverso un canale spirituale sicuro fornito dai Maestri. Per quanto incredibile possa sembrare, questa rara comunicazione a tre vie permise agli Alleati di parlare direttamente con Marshall senza l'uso della tecnologia. Grazie a questo canale sicuro fornito dai Maestri, la comunicazione degli Alleati non poté essere bloccata o intercettata dall'Intromissione.

Solo un anno dopo, nel novembre del 1997, Marshall ricevette i primi due Briefing per quello che sarebbe poi diventato *Gli Alleati dell'Umanità: Libro Primo*. Nessuno può spiegare appieno questo intervallo di tempo. Tuttavia, diede a Marshall il tempo di accettare questo cambiamento nel suo ruolo da maestro spirituale a messaggero con un messaggio difficile.

Nell'anno successivo alla consegna dei primi due Briefing, Marshall si trovò a lottare con le implicazioni di ciò che queste informazioni iniziali avrebbero significato sia per se stesso che per il mondo. Poi, nell'ottobre e nel dicembre del 1998, furono forniti gli ultimi quattro Briefing del Primo Libro.

Mentre tutto questo accadeva, noi della New Knowledge Library eravamo impegnati ad affrontare l'importante sfida di pubblicare due delle opere principali di Marshall, *Spiritualità della Comunità Più Grande: Una Nuova Rivelazione* e *Passi verso La Conoscenza: Il libro del Sapere Interiore*, che vinse il premio "Libro dell'Anno 2000 per la Spiritualità". In questo periodo, Marshall continuò a scrivere altri due importanti libri di questa nuova rivelazione: *Vivere La Via della Conoscenza* e *Prepararsi per la Comunità Più Grande*, entrambi ancora in attesa di pubblicazione. Di conseguenza, solo nel luglio del 2000 la New Knowledge Library fu in grado di produrre un'edizione "underground" di *Gli Alleati dell'Umanità: Libro Primo*, per iniziare a rendere disponibile il messaggio urgente degli Alleati.

Fu nel dicembre del 2000 che Marshall ricevette tutti e sei i briefing di *Gli Alleati dell'Umanità: Libro Secondo* nel giro di 24 ore. I Briefing furono consegnati molto rapidamente per un motivo. Gli Alleati, minacciati di essere scoperti dall'Intromissione, dovettero consegnare la loro seconda serie di Briefing a Marshall il più rapidamente possibile prima di fuggire in una località lontana dal nostro sistema solare. Gli Alleati descrivono questa situazione nella loro Prefazione alla Seconda Serie di Briefing, inclusa in questo volume. Da allora, Marshall, con il supporto di un numero crescente di persone coraggiose, si è impegnato a studiare e portare il messaggio e i *Briefing degli Alleati dell'Umanità* all'attenzione del maggior numero possibile di persone. Questo lavoro in corso rappresenta una missione vitale e per continuare si basa sul contributo dei lettori di tutto il mondo.

Non è ancora chiaro se gli Alleati invieranno qui ulteriori Briefing. Ma ciò che è certo è che le informazioni contenute in queste due serie di Briefing forniscono gli elementi mancanti alla nostra comprensione della presenza extraterrestre nel mondo odierno e di ciò che dobbiamo fare per iniziare a prepararci. Gli Alleati sottolineano che questi Briefing ci forniscono tutto ciò che dobbiamo sapere per iniziare questa preparazione con una chiara comprensione della nostra situazione. Non possiamo permetterci di commettere gli stessi errori che tanti popoli nativi hanno commesso nel corso della nostra storia umana riguardo ai loro primi incontri con esploratori provenienti dall'esterno.

Noi della New Knowledge Library siamo orgogliosi di poter presentare quello che potrebbe rivelarsi uno dei documenti più importanti mai pubblicati per il progresso, il benessere e il futuro dell'umanità. Riconosciamo che alcuni potrebbero rifiutare a priori queste informazioni a causa della loro possibile associazione con messaggi extraterrestri "canalizzati". Tuttavia, dato l'alto livello della sua integrità personale e la straordinaria qualità e rilevanza dei suoi scritti, l'opera di Marshall si distingue. In effetti, le rivelazioni che ci sono pervenute attraverso la sua opera potrebbero rivelarsi significative quanto altri messaggi di ispirazione divina del passato che hanno influenzato il corso della storia umana.

Incoraggiamo il lettore ad approfondire seriamente il messaggio cruciale presentato in tutti questi Briefing, sia nel Libro Primo che nel Libro Secondo, e a condividerlo con gli altri. Questi Briefing rappresentano una comunicazione unica e profondamente necessaria per tutte le persone del nostro mondo in questo cruciale momento di svolta.

NEW KNOWLEDGE LIBRARY

CHI SONO
GLI ALLEATI DELL'UMANITÀ?

Gli Alleati sono al servizio dell'umanità perché essi sono al servizio della riconquista e dell'espressione della Conoscenza, dovunque essa sia, nella Comunità Più Grande. In molti mondi essi rappresentano i Saggi che supportano uno scopo superiore nella vita. Insieme, essi condividono una Conoscenza e una Saggezza superiori, che possono essere trasferite per lunghe distanze di spazio e oltre i confini di razze, culture, temperamenti e ambienti. La loro Saggezza è penetrante. La loro abilità è grandiosa. La loro presenza è nascosta. Essi vi riconoscono perché si rendono conto che siete una razza emergente, che sta emergendo in un ambiente della Comunità Più Grande che è molto difficile e molto competitivo.

◆

Spiritualità della Comunità Più Grande:

Una Nuova Rivelazione

Siamo tornati per prepararvi a ricevere ulteriori informazioni che vorremmo trasmettervi riguardo alla presenza della Comunità Più Grande nel mondo di oggi e, auspicabilmente, per rispondere a molte delle domande emerse dalla nostra prima serie di briefing. Dalle nostre osservazioni, comprendiamo quanto l'umanità sia impreparata per questo grande incontro che si sta svolgendo in mezzo a voi. Ci sono molte ragioni per questo, ma la situazione deve cambiare e vi raccomandiamo vivamente di condividere questo materiale con quante più persone possibile.

È un compito arduo trasmettere un messaggio del genere unitamente alla realtà più ampia che esso rappresenta. Speriamo e confidiamo che possiate trovare il supporto di cui avete bisogno per diffonderlo nel mondo. Ci sono molte voci contrastanti che parlano al vostro mondo dalla Comunità Più Grande, e c'è molta confusione. Insieme a questo, c'è l'ambizione umana. Di conseguenza, la situazione è diventata molto difficile. Lo abbiamo visto altrove. Non è un problema esclusivo dell'umanità.

La presenza della Comunità Più Grande sta crescendo. Nel vostro sistema solare si stanno costruendo insediamenti per fornire un percorso per rifornimenti e rinforzi. Non si tratta di una roccaforte militare, ma piuttosto di una rete attraverso la quale risorse e attrezzature possono essere portate nel vostro mondo. Noi vediamo le loro strutture. Non le troverete, perché non siete ancora molto capaci di avventurarvi nello spazio, ma una rete si sta costruendo in questo sistema solare per supportare la presenza aliena nel vostro mondo oggi.

Gli Unseen Ones (la Presenza Angelica) ci dicono che ci sono persone all'interno del governo della nazione americana che sono a conoscenza dell'Intromissione e stanno cercando di contrastarla. Loro però non sono a conoscenza dei nostri consigli e, sebbene possano riconoscere un certo grado di verità nella situazione, non hanno la necessaria preparazione. Ci viene detto che ci sono altri all'interno di questo governo che si sono già uniti all'Intromissione. Ci sono anche individui in posizioni di potere economico che si sono uniti all'Intromissione.

È ancora in fase iniziale l'Intromissione, quindi c'è molto lavoro che si può ancora fare. Se le persone riuscissero a stabilire un collegamento con coloro che nel governo si oppongono all'Intromissione, questo permetterebbe alle nostre voci di raggiungere persone in posizioni di potere e autorità. Se ciò si potesse realizzare, sarebbe di grande aiuto.

Ci siamo resi conto che la nostra presenza nel vostro sistema solare sta per terminare e che siamo costretti a trasferirci oltre la portata di questo sistema solare, a una certa distanza da esso. Di conseguenza, le nostre opportunità di osservatori finiranno, poiché non saremo in grado di assistere a questi fenomeni in prima persona. Tuttavia, possiamo continuare a consigliarvi sulla realtà della vita nell'Universo. E possiamo mantenere il contatto con il nostro messaggero. La nostra situazione sta diventando precaria e presto dovremo ritirarci, ma prima di farlo, vogliamo fornirvi ulteriori informazioni. Dobbiamo fare attenzione a non presentare informazioni che susciterebbero solo vane speculazioni. Questo è il pericolo di presentare troppi dettagli. In questo caso, le persone perdono la prospettiva della situazione generale e rimangono affascinate o incuriosite da certi argomenti di cui potremmo parlare riguardo alla natura delle interazioni tra la vita intelligente nell'Universo.

Una volta che avrete la giusta prospettiva e comprensione, e una certa comprensione di quelle realtà della vita nell'Universo che vi influenzeranno direttamente, non avrete più bisogno dei nostri consigli. Allora comprenderete l'Intromissione a sufficienza per iniziare una serie di azioni mirate a contrastarla.

Dobbiamo ora ritirarci e inviare le nostre future comunicazioni da una distanza molto maggiore. Ci sono molte domande a cui possiamo rispondere, e ce ne sono altre a cui non possiamo rispondere. Eppure comprendiamo appieno la grande sfida che l'umanità si trova ad affrontare oggi e come verrà tentata l'Intromissione. Questo lo possiamo affrontare attraverso la nostra esperienza e le nostre osservazioni della vita nell'Universo.

È vero che se non avete ancora incontrato le realtà della vita nell'Universo, tenderete a pensare che i vostri valori e la vostra comprensione siano universali. Penserete che la vita ruoterà intorno a voi. E penserete che, quando la visita avverrà, in qualche modo dovrà essere per il vostro bene. Questi sono presupposti comuni tra le razze emergenti come la vostra. Dovrete imparare a superare queste convinzioni al meglio delle vostre capacità e a raggiungere coloro che possono ascoltare il nostro messaggio in questo momento. Non possiamo chiedere di più.

A seguito della presentazione dei nostri primi briefing sotto forma di libro, siamo stati messi in pericolo e ora siamo costretti a ritirarci, poiché è iniziata una grande ricerca nel sistema solare da parte dei vostri avversari. Il nostro nascondiglio non è più sicuro. È in corso una ricerca per noi, e persino la nostra fuga sarà difficile. Saremo inseguiti. Ecco perché ora dobbiamo ritirarci.

In questi briefing parleremo un po' di più delle nostre razze, anche se non riveleremo i nostri nomi perché sicuramente qualsiasi cosa vi forniremo cadrà nelle mani dei vostri avversari. Se scoprissero o anche solo intuissero le nostre origini, sarebbe molto, molto rischioso per i nostri mondi d'origine.

Con il tempo e la comprensione, capirete perché siamo stati inviati. E capirete perché ora dobbiamo ritirarci e trovare un rifugio sicuro più lontano. Lo facciamo senza abbandonare la nostra missione, ma solo per metterci in una posizione che possa portarla avanti. Marshall, il nostro messaggero, è il collegamento. Non comunichiamo con nessun altro al mondo.

. . . Oltre vent'anni fa, un gruppo di individui
provenienti da vari mondi si è riunito in
una discreta posizione nel nostro sistema
solare vicino alla terra, con lo scopo di
osservare l'intromissione aliena che sta
avendo luogo nel nostro mondo. Dalla
loro posizione strategica nascosta, sono
stati in grado di determinare l'identità,
l'organizzazione e le intenzioni di coloro
che visitano il nostro mondo e controllare
la loro attività.

Questo gruppo di osservatori si fa
chiamare "Gli Alleati dell'Umanità".

Questo è il loro secondo rapporto.

I Briefing

♦

L'universo in cui state emergendo

Vi porgiamo i nostri saluti. Siamo molto lieti di avere l'opportunità di parlare con voi ancora una volta e di fornire le informazioni che stiamo per impartire. Comprendiamo che la nostra prima serie di commentari ha generato molto interesse, molte domande e forse anche un po' di confusione. Speriamo quindi, in questo secondo volume, di fornirvi maggiori informazioni; di rispondere ad alcune di queste domande, se possono avere una risposta; e di fornirvi una finestra sull'universo più grande in cui vivete, affinché possiate vedere oltre i confini del vostro mondo nella realtà della vita nella Comunità Più Grande. Questa è una parte necessaria della vostra formazione ora, perché il vostro mondo sta emergendo in una Comunità Più Grande di vita intelligente, una Comunità Più Grande in cui avete sempre vissuto.

Siamo stati inviati a fornire una serie di briefing per aiutare a preparare l'umanità a questa grande soglia. In questi briefing sono incluse le nostre osservazioni sull'Intromissione extraterrestre che sta avvenendo nel mondo oggi, sul perché di questa Intromissione che sta avvenendo, come si sta svolgendo e come può essere scalzata per il vostro benessere. Questo richiede che impariate a conoscere la vita nella Comunità Più Grande in modo che possiate orientarvi correttamente a questa nuova e molto più grande realtà in cui state emergendo.

La vostra capacità di riconoscere la verità di ciò che stiamo per impartire è assolutamente fondamentale per la vostra sopravvivenza, per il vostro progresso e, in effetti, per la conservazione delle stesse libertà che vi sono più care. Perché la Comunità Più Grande in cui state emergendo è forse molto diversa da quanto potreste aver pensato prima.

Siamo stati mandati a rappresentare gli alleati dell'umanità. Siamo i loro rappresentanti. Non siamo nel vostro mondo, ma abbiamo osservato il vostro mondo da un luogo nascosto nelle vicinanze. Non siamo venuti per stabilirci qui, per costruire relazioni con la famiglia umana o per stabilire un collegamento economico o politico con i vostri governi. Siamo venuti invece con una missione molto semplice. La nostra missione è osservare l'Intromissione extraterrestre che sta avvenendo nel vostro mondo oggi e, data l'opportunità di farlo, fornire la prospettiva di cui avrete bisogno per capire e neutralizzare questa Intromissione e prepararvi alle realtà della vita nell'universo.

La nostra prima serie di briefing ha fornito una visione generale dell'Intromissione, come si sta realizzando e cosa la gente deve arrivare a capire per evitare la sua influenza e la sua persuasione e riconoscere la sua realtà. Eppure ci sono altre cose che dovete imparare a questo proposito per ottenere gli occhi per vedere e per capire queste cose da soli. Anche se tutto questo può sembrarvi strano e nuovo, non è che un'altra dimostrazione della natura, una natura che capite e comprendete nel vostro stesso reame.

Quasi tutto quello che stiamo per impartirvi e che vi abbiamo già impartito può essere capito dalla vostra esperienza della natura. Ecco perché l'Intromissione extraterrestre non è un mistero. È una dimostrazione della natura. La sua difficoltà, tuttavia, è che vi mette in un ruolo diverso da quello a cui siete abituati. Perché siete abituati a essere preminenti nel vostro mondo. Siete abituati a sentire che avete il grande vantaggio evolutivo nel vostro regno. Ma nella Comunità Più Grande, non avete questa preminenza o questo vantaggio. Quindi, dovete acquisire una maggiore abilità e una maggiore cooperazione tra di voi.

Questa è sia una grande difficoltà che una grande opportunità per la vostra razza, perché è forse solo la tenebra della Comunità Più Grande e le difficoltà a cui essa vi metterà di fronte che permetteranno all'umanità di unirsi e di trovare il suo terreno comune. Resta da vedere se questo potrà essere realizzato. Ma la sfida è su di voi e questa sfida affronta la vita e il futuro di ogni persona che vive oggi nel mondo.

In un momento, questo può sembrare strano e incomprensibile, eppure in un momento successivo, potete capire che questa è la natura che si sta realizzando. Voi possedete un ambiente e delle risorse che sono apprezzate da altri che cercano di usare e avere queste cose per se stessi. È il vostro ambiente che vogliono. È del vostro aiuto che hanno bisogno. Non cercano di distruggervi, ma di farvi diventare parte del loro Collettivo al loro servizio.

Questo deve essere detto molte volte in molti modi diversi in modo che possiate ottenere una comprensione molto chiara. Come abbiamo detto, questo non è un mistero. Non è altro che una presentazione della vostra vita nella Comunità Più Grande. È la realtà della natura, che voi stessi potete comprendere. Tuttavia siete in una posizione diversa ora, e questo richiede forza, discernimento e cooperazione umana e un certo tipo di sobrietà riguardo alla vostra comprensione della natura della vita nell'universo.

In questa nostra seconda serie di briefing vogliamo darvi una maggiore comprensione e una maggiore visione di come la vita è veramente nell'universo che vi circonda. Non è solo una questione di prospettiva. La nostra esperienza in queste materie è molto vasta tra noi. Abbiamo le nostre prospettive uniche, ma ci sono certe realtà che sono ovvie per noi perché siamo in grado di vederle e riconoscerle. Abbiamo vissuto le opportunità e le difficoltà di queste realtà, tutte cose che voi non avete ancora sperimentato da soli. Eppure i vostri alleati al di fuori del mondo vogliono salvarvi dai grandi rischi che affrontate ora, i rischi di emergere nella Comunità Più Grande. Vogliono mostrarvi la necessità di preservare la vostra libertà e la vostra integrità come razza mentre vi sottoponete a questa transizione difficile e prolungata.

Questa è la più grande sfida che qualsiasi razza nell'universo dovrà mai affrontare, e le sue conseguenze saranno durature e di vasta portata. Eppure ci sono grandi forze per il bene nell'universo, forze che lavorano a favore della libertà individuale e dell'integrità di tutta la vita, forze che cercano di nutrire e mantenere viva la più grande Conoscenza spirituale che risiede come potenziale in tutti gli esseri senzienti. I vostri alleati rappresentano solo una piccola espressione di questa forza superiore. Perché ovunque ci sia vita, c'è l'integrità di questa Conoscenza spirituale. Non è una semplice informazione; è una "Presenza" vivente. Vogliamo dimostrare la realtà e il significato di questa Conoscenza e perché è così fondamentale per il vostro successo nel guarire le ferite del vostro mondo e nell'affrontare l'unica grande sfida che può unire ed elevare l'umanità.

L'universo è pieno di vita. Ma l'universo è immenso. La vita intelligente che vive nella manifestazione fisica è sparsa in una grande e vasta arena. È concentrata in alcuni luoghi più che in altri. In un certo senso, questo assomiglia alle mappe dei vostri paesi, dove ci sono grandi aree dove sono congregate molte persone umane, e ci sono aree dove vivono pochissime persone. Tra queste aree di grande congregazione nell'universo, ci sono rotte commerciali, grandi strade che sono molto percorse. Nelle zone scarsamente popolate, ci sono pochissime rotte, molte delle quali sono raramente o mai percorse.

Vogliamo darvi questa analogia della dispersione della vita intelligente in questa galassia. Non ci siamo mai avventurati oltre la galassia, quindi non possiamo parlare delle altre possibilità. Eppure, solo in questa galassia, c'è una notevole diversità di vita. Noi stessi ne abbiamo visto solo una parte molto, molto piccola, perché la galassia è molto grande.

Il vostro mondo esiste in una zona di congregazione, una zona che ha molti mondi abitati. Non lo vedete all'interno del vostro sistema solare, ma al di fuori del vostro sistema solare, questo è certamente vero. Non vivete in una parte dell'universo scarsamente popolata. Non vivete in una regione inesplorata e sconosciuta agli altri. Questo vi dà alcuni svantaggi, perché il vostro mondo è esaminato da molte forze potenti. Stanno tentando un'Intromissione ora perché l'umanità ha raggiunto un punto nel suo sviluppo in cui ha costruito un'infrastruttura che queste altre razze credono di poter usare per se stesse. Questo è il motivo per cui l'Intromissione non è avvenuta in un momento precedente. È stato permesso all'umanità di scoprire le risorse e costruire prima l'infrastruttura. In altre parole, avete fatto il lavoro per coloro che credono che li servirete in futuro.

Pertanto, non vivete in una parte lontana e remota della galassia. Questo dovete capirlo. I viaggi nello spazio avvengono lungo certi percorsi o strade, proprio come nel vostro mondo. Alcune strade sono molto frequentate, altre sono poco frequentate. Il vostro mondo si trova in una parte molto trafficata, il che significa che ci sono molte razze che usano queste strade per il commercio e gli scambi. All'interno di questa regione, ci sono diverse razze emergenti come la vostra, tutte attentamente sorvegliate dagli altri.

Come abbiamo detto nei nostri discorsi precedenti, la Comunità Più Grande in cui state emergendo è un ambiente competitivo su una scala che difficilmente potete immaginare. Il commercio e la competizione per le risorse, per le alleanze e per i mondi che hanno valore strategico, sono considerevoli. Eppure, la situazione è molto più complessa di quanto possa sembrare all'inizio. La conquista di altre terre non è tollerata nelle zone ben abitate. A causa dell'ambiente competitivo, ci sono dei vincoli. Delle regole sono state stabilite, nel corso di un lungo periodo di tempo, su come il commercio sarà condotto e quali regole e linee guida saranno seguite. La violazione di queste regole comporta una punizione da parte dei propri avversari e concorrenti, quindi c'è un sistema di controlli ed equilibri. Questo sistema è generalmente rispettato, ma come spesso accade, si cercano eccezioni in molti modi diversi. È importante che sappiate che non è permesso che il vostro mondo venga invaso, militarmente parlando. Le forze che intervengono nel vostro mondo non sono forze militari forti. Sono grandi forze commerciali. Noi li chiamiamo "Collettivi". Avrete l'opportunità in questa seconda serie di discorsi di imparare di più sulla loro natura e struttura.

Affinché le potenze economiche abbiano accesso al vostro mondo e ottengano il controllo del vostro mondo, devono usare mezzi più sottili, mezzi di persuasione, mezzi di incentivazione. Devono farvi credere che volete che siano qui, che li accogliate, che vogliate ciò che hanno da offrire, che cerchiate la loro assistenza e le loro offerte iniziali. Vogliono farvi credere che avete bisogno di loro e che senza di loro non potete avere successo. In questo modo, soddisfano i vincoli che sono posti su di loro. In questo modo, possono ottenere il controllo del vostro mondo secondo le regole che sono state stabilite.

La persuasione e l'incentivazione che saranno posti sul vostro mondo sono molto potenti e molto convincenti. Molte persone, per le loro inclinazioni personali e per la debolezza della loro posizione nella vita, saranno molto attratte da questa persuasione. Eppure, non è altro che un inganno. È una seduzione. Dopo di che, apparentemente con l'approvazione generale dell'umanità, l'Intromissione può iniziare e può essere realizzata senza violare alcuna restrizione che impedisca l'invasione, la conquista e così via.

Se il vostro mondo si trovasse in una zona molto remota o inesplorata, una zona in cui questo tipo di regole di commercio e di condotta non fossero state stabilite, allora si tenterebbe la conquista militare, perché non ci sarebbe nulla che lo impedisca. Ma coloro che cercano di trarre vantaggio da questo mondo non si impegnano nella conquista militare. Non ne hanno bisogno. Non è la loro enfasi. Non è il loro scopo. Non sono organizzati per fare questo.

Fanno affidamento sulla vostra debolezza, mentre voi dovete imparare a fare affidamento sulla vostra forza. Contano sulla vostra mancanza di fiducia nello spirito umano, mentre voi dovete imparare a contare su questo spirito dentro di voi. La loro presenza qui comporta grandi pericoli per l'umanità e grandi opportunità se l'umanità è in grado di rispondere in modo responsabile e saggio.

È dunque il nostro desiderio e la nostra intenzione aiutarvi in questa preparazione dandovi una prospettiva e un orientamento alla realtà che state affrontando ora e che affronterete continuamente da questo momento in poi. Perché non c'è ritorno al vostro precedente stato di isolamento. Ora dovete imparare a valorizzare e a proteggere la vostra libertà, a consolidare la vostra libertà e a costruire la vostra libertà in un ambiente in cui questa libertà sarà sottoposta a continue sfide. Solo un mondo che è forte, unito e saggio nei suoi rapporti con la Comunità Più Grande può mantenere la sua autonomia e rimanere libero nell'universo. Questo è vero per tutti i mondi liberi, sia che esistano in zone di congregazione o che esistano in zone remote e raramente visitate.

Questa è la natura. Il fatto che altri mondi abbiano creato livelli maggiori di tecnologia non cambia la realtà della vita. Rende solo le interazioni tra i mondi più complicate e spesso più difficili da discernere. È più facile riconoscere uno scontro militare che riconoscere l'intento nascosto di coloro che vengono apparentemente portando doni, risposte e meraviglie della tecnologia.

L'umanità è senza formazione riguardo alla Comunità Più Grande. È per questo che siete così vulnerabili. L'umanità è divisa tra le sue nazioni e le sue culture. È per questo che siete così vulnerabili. Le vostre disposizioni e le vostre credenze religiose non possono prepararvi adeguatamente a ciò che vi aspetta ora.

Nella Comunità Più Grande, ci sono molte razze che hanno raggiunto livelli molto alti di maturità nella loro comprensione spirituale e hanno raggiunto uno stato di libertà a cui l'umanità non è ancora arrivata neanche lontanamente. A differenza di quelle che vi stanno visitando, queste società sono molto poco coinvolte nel commercio interplanetario, se non per niente del tutto. Non sono coinvolte nell'esplorazione. Non sono esploratori di risorse. Non cercano di ottenere alleanze per un vantaggio politico ed economico, tranne che in certe situazioni per la propria difesa. Non sfruttano altri mondi. Non cercano di sedurre le giovani razze che stanno emergendo nella Comunità Più Grande. Non fanno la guerra. Non fanno parte dei Collettivi.

I vostri alleati, che noi rappresentiamo, dimostrano questa istituzione, l'istituzione delle razze libere. Questa libertà è molto difficile da raggiungere e da mantenere nell'universo. Per funzionare con successo nella Comunità Più Grande, dovete essere autosufficienti. Dovete essere uniti. E dovete essere molto discreti. Vedete queste qualità dimostrate nella famiglia umana in questo momento? Sono dimostrate in voi e nelle vostre relazioni? Vi stiamo impartendo una Saggezza più grande, una Saggezza che per noi è stata difficile da raggiungere, che abbiamo raggiunto a caro prezzo. La nostra capacità di essere qui per assistere l'umanità è una dimostrazione di questa conquista. Perché a differenza di coloro che intervengono nel vostro mondo in questo momento, noi cerchiamo solo di osservare e di consigliare. Una volta che le nostre trasmissioni saranno completate, dovremo ritirarci per la nostra sicurezza. Perché siamo qui senza alcun permesso ufficiale da parte di autorità commerciali, organizzazioni di supervisione o qualsiasi cosa del genere. Se coloro che stanno intervenendo nel vostro mondo ci scoprissero, periremmo sicuramente.

Con la presentazione della nostra prima serie di briefing, la nostra stessa sicurezza è ora in pericolo. Le razze che stanno intervenendo nel vostro mondo hanno già iniziato a cercarci nel vostro sistema solare. Pertanto, dobbiamo dare queste informazioni e poi ritirarci in un punto molto più lontano dal vostro mondo, in un luogo dove non possiamo più osservare direttamente l'Intromissione. Ecco perché dobbiamo darvi queste informazioni ora. Ecco perché dovete cercare di impararle e di usarle al meglio delle vostre capacità. Perché una volta che ce ne saremo andati, non ci sarà più assistenza diretta per voi.

Ecco perché diamo a questi briefing la massima importanza. Ecco perché dovete riceverli e riconoscerli come tali. Vi forniremo ciò che dovete sapere sulla natura dei Collettivi, come funzionano, perché sono qui e cosa stanno facendo nel mondo. Vi daremo una panoramica delle realtà della vita intelligente nell'universo e di come avvengono effettivamente le interazioni. Vi daremo una prospettiva sull'importanza strategica del vostro mondo e dove si trova in relazione ad altri mondi abitati nelle vostre vicinanze. Parleremo anche dei Poteri Spirituali superiori che esistono nell'universo e nella famiglia umana.

Il vostro isolamento ora è finito. Non lo avrete mai più nei modi in cui lo avete conosciuto in precedenza. Perciò, ascoltate attentamente tutte le cose che stiamo per dirvi.

Perché l'Intromissione
si sta verificando

All'inizio potreste chiedervi: "Perché il nostro mondo viene visitato? Perché c'è un'Intromissione?" Ci sono diverse risposte a queste domande fondamentali, alcune delle quali sono ovvie e altre no.

Ovviamente, vivete in un mondo bellissimo con una grande diversità biologica. È un mondo che non è stato distrutto dallo sfruttamento, anche se è in pericolo di esserlo. È un mondo che contiene immense risorse biologiche, risorse vitali, risorse che sono rare e difficili da trovare in una Comunità Più Grande di mondi sterili. Voi, naturalmente, non vi rendete ancora conto del valore del vostro mondo. Non avendo mai vissuto altrove, non potete ancora apprezzare la meraviglia del mondo in cui vivete e perché è così prezioso per gli altri. Ma considerate questo: Vivete in un mondo con un ambiente straordinariamente temperato e con una bellezza e una diversità biologica enormi. Vivete in un mondo che ha enormi risorse d'acqua. Vivete in un mondo che ha grandi tratti di terra abitabile per quelle razze che possono respirare la vostra atmosfera. Avete un mondo che ha una presenza umana e un'infrastruttura che può essere incorporata nelle tecnologie straniere. Appartenete a una razza di persone intelligenti, anche se superstiziose e ignoranti sulla vita nell'universo, il che vi rende malleabili e suscettibili alla persuasione e all'esortazione. Vivete in un paradiso virtuale. Ecco come viene percepito il vostro mondo.

Quando siamo venuti per la prima volta nel vostro mondo e lo abbiamo osservato da vicino, siamo rimasti stupiti. È molto più bello e ricco di quanto avessimo immaginato. Anche se non siamo mai stati sulla superficie del vostro mondo, possiamo vedere anche dal nostro punto di osservazione che luogo glorioso deve essere. Abbiamo visto intromissioni come quella che sta avvenendo nel vostro mondo avvenire in mondi di molto meno valore e merito. Quindi, certamente il vostro mondo è come un premio. La questione è se voi lo difenderete, lo proteggerete e lo manterrete. Se non lo fate, altri ve lo toglieranno sicuramente. Non l'avete già visto nella storia del vostro mondo, quando tribù e popoli indigeni sono stati sopraffatti da potenze straniere a caccia di opportunità, e come la grande ricchezza che questi popoli indigeni possedevano, anche a loro sconosciuta, ha reso la loro terra e il loro mondo così preziosi per gli altri? Non avete visto questo? Non è stato dimostrato innumerevoli volte nel vostro mondo? Si sta dimostrando anche in questo momento.

Ora voi siete i popoli indigeni. Forze potenti d'intromissione stanno entrando nel vostro mondo cercando di stabilirsi con mezzi impercettibili, cercando di unirsi all'umanità in spirito e in carne, cercando di ottenere qui una base da cui stabilire la propria autorità e preminenza. Il vostro mondo è così attraente, sicuramente potete vedere che una tale Intromissione può avvenire se ci pensate.

Per i Collettivi, che vivono principalmente in ambienti tecnologici, un tale mondo è grandioso, spettacolare e utile. Tuttavia non sono spinti da un apprezzamento artistico del vostro mondo. Sono spinti dal bisogno delle risorse del vostro mondo. Lo vedono come un premio, il migliore tra tanti. Lo stanno esaminando anche in questo momento.

L'avvento delle armi nucleari nel vostro mondo ha fatto sì che l'Intromissione entrasse nella sua fase matura, perché si rendono conto che se voi doveste diventare più forti e avere una maggiore potenza tecnologica, allora l'Intromissione sarebbe più difficile da realizzare. Vorrebbero farvi credere che stanno intervenendo per salvarvi dalla vostra autodistruzione, ma in realtà stanno cercando di intervenire prima che la situazione diventi troppo difficile. Siete diventati potenti, ma non ancora abbastanza. Vedono che l'ambiente del vostro mondo viene distrutto e sentono di non poter aspettare.

Queste sono forse le ragioni ovvie per cui il vostro mondo sta subendo un'Intromissione. Ma che dire delle ragioni che non sono così ovvie? Parliamo di queste ora.

Sconosciuti a tutti, all'infuori di pochi individui nel mondo di oggi, ci sono importanti depositi segreti nel vostro mondo, poiché il vostro mondo è stato usato anche da società garbate per nascondere cose di valore nelle sue profondità. Per millenni il vostro mondo è stato un rifugio sicuro per la conservazione di oggetti sacri e potenti. Ci sono alcuni nella gerarchia dei Collettivi che lo sanno. È per questo che danno al vostro mondo un'importanza speciale. Questo è il motivo per cui cercano di usare gli individui del vostro mondo che hanno capacità psichiche al fine di ottenere l'accesso a quegli individui che hanno una conoscenza intrinseca di questi importanti tesori nascosti.

Dopotutto, il vostro mondo e le sue vaste risorse biologiche, è un posto squisito per nascondere cose, piccole cose, cose che possono essere sepolte in profondità nel sottosuolo in luoghi che sarebbero molto difficili da scoprire. E poiché i popoli nativi erano superstiziosi e hanno scarsamente popolato la terra per così tanto tempo, molte cose di valore sono state conservate qui.

Se doveste scoprire queste cose, beh, forse vi sembrerebbero di poco valore o utilità, perché non avete l'abilità o La Conoscenza per usarle. Ma se le scopriste, questo vi renderebbe estremamente vulnerabili nella Comunità Più Grande, perché tutt'a un tratto avreste qualcosa che molti altri vorrebbero. Non avreste l'abilità o i mezzi per proteggere ciò che avete appena scoperto, e ciò porterebbe un'enorme attenzione al vostro mondo, attenzione che non vorreste.

Questo è il motivo per cui i saggi rimangono nascosti nell'universo. Ecco perché gli oggetti di potere, persino la saggezza stessa, devono essere protetti e custoditi. È lo stesso nel vostro mondo, sicuramente. I più saggi sono i più nascosti. Coloro che hanno la più grande Conoscenza sono i più difficili da trovare, tranne che da coloro che sono destinati a trovarli.

Alcuni di questi depositi sono stati distrutti attraverso i cicli naturali dell'evoluzione della vostra terra. Sono stati distrutti da eventi naturali. Ma alcuni esistono ancora. Poiché l'Intromissione è in corso, coloro che hanno immagazzinato queste cose molto tempo fa non possono tornare per motivi di sicurezza.

Per questo è vero che l'umanità è stata visitata da molto tempo. Ma non c'è mai stata prima d'ora un'Intromissione di questa grandezza o di questa natura. Questo può confondere alcune persone, perché pensano che l'Intromissione non sia che un'altra espressione di una visita in corso e di una presenza aliena in corso nel mondo, ma non è per niente così. Non avete ancora l'abilità di discernere l'amico dal nemico, i vostri alleati dai vostri avversari, se non attraverso la dimostrazione, e anche qui ci vorrebbe un'intuizione più profonda per fare questa determinazione. Alcuni penseranno che noi siamo gli avversari dell'umanità e che coloro che intervengono sono gli alleati dell'umanità. Questo è ovviamente falso, ma non è ovvio per voi. Perché siete privi di saggezza e di consapevolezza in queste questioni, ed è per questo che siamo venuti.

Il vostro mondo contiene, dunque, grandi tesori—grandi tesori nella sua diversità biologica, nelle sue risorse idriche, nel suo ambiente temperato e nei suoi tesori nascosti. Eppure c'è un'altra ragione per cui il mondo è prezioso. Questo non sarebbe ovvio per voi, perché non potreste riconoscerlo dal vostro punto di vista. È che il mondo si trova in una posizione strategica che è preziosa per altre razze.

Per capire questo, dovreste avere una visione d'insieme della competizione tra i Collettivi e le istituzioni economiche e politiche della regione in cui vivete. Ci sono molti partecipanti. Ci sono conflitti, anche se la guerra si esercita raramente. La concorrenza si svolge con mezzi più sottili e ingegnosi, perché la tecnologia può essere condivisa, copiata e acquistata. È il potere nell'Ambiente Mentale, il potere della persuasione e il potere dell'intuizione, che detiene il maggior vantaggio qui. L'umanità non se ne rende ancora conto, perché è ancora brutale nell'esercizio dei suoi poteri. Ma la vostra formazione sulla Comunità Più Grande deve iniziare a un certo punto. E sicuramente questo è il momento!

La posizione strategica del vostro mondo aumenta la sua importanza. Ci sono diversi Collettivi che competono per la preminenza nel vostro mondo. Sono in competizione tra loro, anche se non sono in guerra. Siamo certi che potete pensare a esempi di questo nel vostro mondo. Per esempio, molte nazioni nel vostro mondo potrebbero competere per le ricchezze di un paese più povero. Tale competizione si sta verificando ora, ed è per questo che l'Intromissione ha molte facce. Ecco perché vedrete molti tipi diversi di velivoli che si aggirano sopra le vostre terre. Incontrerete diverse razze di esseri, ci sarà molta confusione, e penserete: "Alcuni sono buoni e altri sono cattivi. Alcuni sono qui per aiutare e altri forse non sono qui per aiutare". Ma state solo tirando a indovinare. E sono solo le vostre aspettative speranzose che vi spingono a pensare che chiunque sia sulla superficie del vostro mondo sia qui per il vostro bene.

I vostri alleati non si intrometteranno. I vostri alleati non cercheranno di manipolarvi o di darvi un potere che non potete ancora assumere, o di darvi delle tecnologie che non sapete ancora utilizzare in modo costruttivo. I vostri alleati non cercano di conquistarvi o di rendervi parte delle loro associazioni.

Prima di poter avanzare nella Comunità Più Grande, dovete innanzitutto sopravvivere. E per sopravvivere, dovete unirvi e proteggere il vostro mondo da intromissioni come quelle che stanno avvenendo qui ora. Se riuscite ad assicurare la vostra libertà, allora l'Intromissione sarà molto difficile da realizzare, almeno con mezzi legali. Dovrete allora diventare una potenza con cui fare i conti, piuttosto che una debole razza che amministra un bellissimo pianeta.

Noi crediamo nella grande verità e nel potere che esiste nel cuore umano, altrimenti non avremmo fatto il lungo viaggio per venire qui, né ci saremmo messi a così grande rischio per passare questi anni a osservare l'Intromissione e le sue attività. I vostri alleati ritengono che l'umanità sia promettente.

Tuttavia, un tale rispetto lo troverete raramente nella Comunità Più Grande. Perché, come è vero in molti luoghi, il vostro valore e la vostra dignità saranno determinati da ciò che possedete, da ciò che potete commerciare, da ciò che potete vendere, da ciò che potete cedere. Questa è la vita. Questa è la natura. La tecnologia non cambia questo. Dovete impararlo. Se credete che la tecnologia sia la vostra salvezza, sarete salvati per un'altra razza che è tecnologicamente superiore a voi.

Per favore ascoltate le nostre parole qui. Parliamo da una posizione di grande esperienza. Non possiamo dimostrarvi queste cose finché non le vedrete voi stessi. Quando le vedrete voi stessi, sarà così ovvio! L'Intromissione è così ovvia! Ma chi può vederlo? Dal vostro punto di osservazione, è molto più difficile da riconoscere. E finché non potrete avere una formazione e una prospettiva della Comunità Più Grande, finché non conoscerete le realtà della Comunità Più Grande, come potrete mai capire? Il vostro cuore lo saprà, ma sapete ascoltare?

La gente vuole un risultato felice. La gente vuole evitare il conflitto e la sfida. La gente non vuole cambiare, necessariamente. Eppure questo non è ciò che la vita porta.

L'umanità deve diventare molto più forte di oggi. La libertà umana deve essere il grido di battaglia. Così, quando chiedete: "Perché il nostro mondo?", dovete riconoscere queste cose che abbiamo menzionato. Ciò che è ovvio sarete in grado di vederlo. Ciò che non è ovvio non potrete vederlo, ma potrete comunque capire. Potete scegliere, naturalmente, di non fidarvi delle nostre parole. Potete credere che sia impossibile che noi possiamo comunicare con voi in questo modo. Potete dubitare dell'intero processo con cui comunichiamo. Potreste rifiutare i nostri consigli. Noi capiamo. Ma dovete seguire la Saggezza che vive in voi per sapere veramente e se sapete veramente, allora saprete che siamo sinceri con voi.

È qui che avviene la vera prova. Se cercate una prova solo nella dimostrazione, beh, potete essere persuasi da molte cose. Ma solo La Conoscenza dentro di voi può essere persuasa dalla verità stessa. Non può essere ingannata. Questa è la vostra speranza più forte e più grande. Questo è il più grande potere nell'universo, e i vostri visitatori non lo usano. Questa è la chiave. Imparate La Via della Conoscenza e avrete la chiave. Se volete che le cose vi vengano mostrate, beh, sarete sviati. Sarete persuasi da altri poteri. Seguirete ciò che volete al posto di ciò che sapete veramente. Il mondo sarà dato via. Allora l'occupazione sarà completa.

Vivete in un momento critico, forse il più grande momento nella storia del vostro mondo. Siete arrivati in un grande momento. È un incidente? È un errore? Oppure era destino che andasse così? Voi che forse siete instabili nella vostra vita, che cercate una realtà più grande e un significato più grande, sicuramente dovete considerare questo. Voi siete i popoli indigeni di un mondo che viene visitato con lo scopo di conquistare e dominare. Come risponderete?

La scelta è vostra. Noi possiamo solo consigliare. Nessuno della Comunità Più Grande verrà a salvarvi. I saggi non lo fanno. Forse vi chiedete questo e dite: "Perché no?" Dovete fidarvi di noi in questa questione perché se dovessimo intervenire militarmente, se dovessimo raccogliere la forza per farlo, i nostri mondi sarebbero messi in pericolo. Opereremmo al di fuori della nostra giurisdizione, violando le regole di condotta di quella giurisdizione. Riuscite a capire questo?

Anche così, se l'umanità vuole diventare forte e indipendente nell'universo, deve stabilire la propria forza e indipendenza. Non può essere salvata. Ciò che vi sta di fronte è la realtà della vita nell'universo. Non è un potere malvagio. Non è una forza sinistra. È solo il forte che approfitta del debole, se può. Questa è la natura. Questa è la vita. Finché non raggiungete una maggiore comprensione spirituale, una comprensione della Conoscenza, allora questa è la vita reale. La Conoscenza è tanto rara nell'universo quanto lo è nel vostro mondo.

Molte persone ripongono tutte le loro speranze nell'essere salvati da una razza superiore. Come riconosceranno i loro alleati dai loro avversari? Non sono altro che maturi al punto giusto per l'Intromissione. Cercheranno di unirsi all'Intromissione, credendo che salverà l'umanità da se stessa, credendo ciò che i vostri visitatori stessi credono, poiché sono convinti che l'umanità sia troppo indisciplinata, disorganizzata e persino indegna di vivere in un luogo così prezioso.

Non potete avere una visione fantasiosa e romantica della vita nell'universo se volete capirla e prepararvi adeguatamente.

Dovete avere saggezza e sobrietà. Dovete essere senza auto-inganni in questa materia. Vivete in un ambiente di enorme persuasione, non solo persuasione tra le persone, ma persuasione da forze della Comunità Più Grande che sono in mezzo a voi. Come supererete e contrapporrete questa influenza nella vostra vita? Dobbiamo essere enfatici e ripetitivi in ciò che sottolineiamo perché vogliamo aiutarvi a superare queste influenze che vi terrebbero in uno stato di confusione o di ambivalenza riguardo alle forze stesse che minacciano il vostro benessere in questo momento.

Non vi siete mai trovati in una situazione come questa. Certamente non avete mai affrontato un'Intromissione di questa magnitudine. La gente negherà la sua esistenza. Ne rideranno. Disprezzeranno tutto ciò. Non vogliono che sia vero. Non vogliono che sia reale. Ma questo non cambia la realtà.

Dopo il nostro primo briefing, sappiamo che molte persone hanno chiesto i nostri nomi e le nostre identità, da dove veniamo, e così via, come se dovessero sapere queste cose per potersi fidare delle nostre parole. Ma non possiamo rivelarle, perché dobbiamo rimanere nascosti altrimenti saremo in grande pericolo, anche i vostri alleati che ci hanno mandato per essere vicini al mondo saranno in grande pericolo.

La fiducia deve venire da una comprensione più profonda. Non sono le informazioni che vi servono quanto la prospettiva. Se non riuscite a vedere chiaramente la situazione, a cosa serve avere più informazioni? Se non potete conoscere la verità nel vostro cuore, cosa vi daranno le informazioni? Avete bisogno di poche informazioni. Avete bisogno di molta prospettiva. Poi avete bisogno di molto coraggio.

Perché il vostro mondo viene visitato? Perché c'è un'Intromissione? Pensate a queste cose e vedrete chiaramente. È così ovvio.

L'influenza sull'umanità

È vitale per noi parlare adesso della natura della persuasione che viene posta sull'umanità. Poiché si tratta di un'intromissione e non di una visita e poiché il suo obiettivo generale è il dominio del vostro mondo e la sottomissione della razza umana, i metodi che saranno impiegati saranno finalizzati a incoraggiare, indurre e sedurre l'umanità a un ruolo cooperativo e sottomesso ai vostri visitatori. Poiché i vostri visitatori non sono autorizzati a invadere questo mondo, devono utilizzare questi metodi. Essendoci più di un Collettivo che opera nel mondo cercando di raggiungere questo obiettivo, tutti useranno questi metodi. In questo, i Collettivi agiscono più o meno allo stesso modo.

Poiché non si avventurano in territori inesplorati o lontani, i Collettivi devono mantenere la loro attenzione dove hanno una concentrazione di potere e dove la loro organizzazione può funzionare efficacemente. In questo, sono diventati abbastanza abili nell'usare i poteri di persuasione. Il loro obiettivo principale, al di là delle loro normali vie di scambio e commercio, è quello di ottenere l'accesso a mondi emergenti come il vostro e a nuove scoperte minerarie e biologiche nelle regioni in cui sono dominanti. Nella maggior parte delle regioni, i Collettivi non possono avere una presenza militare oltre alle loro forze di sicurezza. Di conseguenza, devono impegnarsi in attività più subdole e che richiedono più tempo. Eppure questo è visto da loro come appropriato qui, perché vogliono la cooperazione dell'umanità. Non possono funzionare nel mondo senza il vostro aiuto. Non possono respirare la vostra atmosfera. Non possono accedere alle vostre risorse. Non possono vivere efficacemente sulla superficie del vostro mondo, quindi, per approfittare pienamente delle risorse del vostro mondo e della posizione strategica del vostro mondo, devono avere l'assistenza umana.

Infatti, al di là di questo, i Collettivi che funzionano oggi nel mondo vogliono aggiungere una componente umana alla loro comunità e mentalità collettiva. Non vogliono semplicemente che voi siate una forza lavoro per loro; vogliono che diventiate parte di loro. Questo si aggiunge alla loro forza collettiva e minimizza qualsiasi resistenza che l'umanità potrebbe mettere in piedi in futuro. Questo è il motivo per cui c'è un così grande investimento di tempo ed energia nell'ottenere la fedeltà umana, nel legarsi all'umanità attraverso l'ibridazione e nello stabilire una profonda e pervasiva associazione con la famiglia umana.

Questo mondo è così prezioso che l'Intromissione non vuole rischiare una rivoluzione umana in futuro. Tali rivoluzioni sono già avvenute in passato. Lo possiamo testimoniare dalla nostra stessa esperienza. Noi siamo il prodotto di tali rivoluzioni nei nostri mondi. Anche se le nostre circostanze erano molto diverse dalle vostre, la natura dell'Intromissione e i metodi impiegati erano in realtà molto simili. Ecco perché possiamo parlare con autorità su questo argomento.

Gli incentivi che saranno messi in campo saranno diversi, a seconda di chi viene raggiunto e per quale scopo. Per gli individui che sono considerati ricettivi e cooperativi nelle sedi di governo, l'incentivo sarà la promessa di maggior potere e tecnologia. L'umanità è in una posizione molto vulnerabile in questo senso perché la sua fede nella tecnologia e la sua speranza che la tecnologia risolva tutti i suoi problemi sono molto, molto forti. Questo naturalmente è stato sostenuto dall'Intromissione perché questa è una delle vie principali in cui l'umanità probabilmente diventerà dipendente dall'Intromissione stessa.

A coloro che sono nei corridoi del potere nei vostri governi, quegli individui che sono ritenuti ricettivi e cooperativi, sarà presentata la promessa di una maggiore tecnologia e persino del dominio del mondo. Questo può essere presentato sia attraverso l'Ambiente Mentale come idee inviate nelle menti di questi individui, o, come è già accaduto, ci possono essere incontri faccia a faccia con i visitatori stessi.

Allora cosa offriranno all'umanità? Offriranno all'umanità alcune delle loro tecnologie di base, certamente niente che considerino avanzato, unico, segreto o sacro per loro—propulsione di base nello spazio, uso di base dell'energia elettronica, metodologie di produzione. Non insegneranno il potere nell'Ambiente Mentale, perché non vogliono che l'umanità abbia questo potere a meno che non sia completamente controllato e diretto dai visitatori stessi.

Ebbene chi, nei vostri corridoi del potere, potrebbe resistere a una tale tentazione? Molti soccomberanno. Vedranno in queste offerte ricchezza, potere, controllo, dominio e un enorme vantaggio sui loro simili e sulle altre nazioni con cui sono in diretta competizione. Solo quegli individui la cui Conoscenza è forte saranno in grado di riconoscere l'inganno e resistere alla tentazione presentata in questi incentivi.

Anche le persone in posizioni di grande potere economico e ricchezza, se sono ritenute cooperative e ricettive, saranno raggiunte. Ancora, chi di loro può resistere a una tale tentazione, a una tale promessa di ricchezza, potere e controllo? Eppure questi incentivi non sono altro che un inganno—un mezzo per coinvolgere altre persone nelle attività del Collettivo, un mezzo per stabilire un forte legame. Le persone che vengono contattate, gli individui che cadono in preda a questo inganno, non capiranno il vero significato che c'è dietro. Qualsiasi forza e potere venga dato loro sarà solo un dono temporaneo.

Come abbiamo detto, i visitatori hanno bisogno di assistenza umana. Hanno anche bisogno di una leadership umana. I Collettivi non hanno molti individui che operano in questo mondo, quindi hanno bisogno di una gerarchia di autorità umana che li serva. Hanno bisogno delle infrastrutture che voi avete già costruito. Questo è di nuovo il motivo per cui non sono venuti in un momento precedente. Questo è il motivo per cui l'Intromissione è stata ritardata fino a quest'epoca dello sviluppo umano. L'Intromissione ha bisogno di governi, ha bisogno di religioni, ha bisogno di tutta questa struttura funzionante attraverso la quale la sua organizzazione possa fluire.

Perciò, all'inizio devono ottenere alleanze. Devono ottenere seguaci. Devono ottenere assistenza dagli individui, specialmente da quelli che ritengono essere in posizioni di potere e di autorità. Abbiamo già parlato di questo nella prima serie dei nostri briefing. Eppure deve essere ripetuto, perché dovete capire che queste cose stanno accadendo e sono già accadute.

Ci sono individui in posizioni di potere nel commercio e nel governo che sono già in contatto con l'Intromissione. Il loro numero crescerà e la loro forza e influenza cresceranno se l'Intromissione non verrà fermata, e se non si riuscirà a generare con successo un insegnamento pubblico.

Il prossimo gruppo di individui che sono stati presi di mira sono i leader delle vostre organizzazioni religiose. Quelli tra loro che sono ritenuti ricettivi e cooperativi saranno presi di mira, e le idee e le informazioni fluiranno nelle loro menti fino al momento in cui un incontro diretto potrà essere organizzato. Ciò che verrà offerto a ognuno di loro è la promessa che la loro particolare organizzazione religiosa e il loro insegnamento diventeranno predominanti in un nuovo ordine mondiale. Ancora di più, sarà promesso a ciascuno di loro che il loro insegnamento religioso, essendo più grande degli altri, potrà estendersi oltre il mondo e avere influenza nella stessa Comunità Più Grande. Quale devoto leader religioso potrebbe resistere a questa tentazione di far crescere ed estendere la propria tradizione anche oltre i confini di questo mondo? Non tutti i leader saranno contattati. Solo quelli che saranno ritenuti ricettivi e collaborativi e che potrebbero diventare solidali e funzionali all'interno dell'Intromissione stessa.

Intromissioni fanno parte della vostra storia umana. Sappiamo che queste cose sono accadute innumerevoli volte. Quando le nazioni più grandi mirano a sopraffare quelle più deboli, loro cercano di sedurre i leader di questi gruppi e nazioni più deboli con promesse di potere e autorità e doni di tecnologia, semplici gingilli. Quanto è stato efficace questo. Eppure non è una cosa unica del vostro mondo. Succede in tutto l'universo.

Ai leader delle vostre organizzazioni religiose sarà data la promessa di preminenza nel vostro mondo. Anche le loro credenze saranno riconosciute, ma questo è null'altro che un ulteriore inganno. I visitatori non si preoccupano delle vostre religioni. Credono che esse siano solo la follia e le superstizioni dell'umanità. Non avendo una propria religione che voi possiate riconoscere e comprendere, cercheranno di usare la vostra per ottenere la vostra fedeltà a loro. I Collettivi credono che questo sia completamente etico, perché credono che l'umanità distruggerà il mondo senza il loro intervento. Questo è ovviamente falso, ma questa è la loro convinzione. Essi ritengono pure che tali metodi siano necessari per assicurare il fine che stanno cercando di raggiungere. I Collettivi giustificano questi comportamenti perché credono nella superiorità della loro razza e nella necessità della loro missione qui nel mondo.

Il loro pensiero è: "Perché lasciare che i nativi rovinino il mondo quando possiamo gestirlo noi per loro e possiamo insegnare loro il grande valore e beneficio della nostra comunità collettiva?". Ecco perché non dovete considerare l'Intromissione in modo superstizioso. I visitatori non sono angeli e non sono demoni. Sono spinti dagli stessi bisogni che guidano l'umanità, e impiegheranno molte delle stesse tecniche che l'umanità ha tentato di impiegare, anche se su scala molto minore, per raggiungere i propri obiettivi.

In seguito, l'induzione sarà focalizzata su due gruppi distinti di individui. In realtà, non si tratta di gruppi di individui, ma di classificazioni di individui. Il primo consiste di coloro che sono considerati sensitivi e sensibili. L'esortazione qui è quella di convalidare la loro sensibilità e di indurli nella mente collettiva dell'Intromissione stessa. Qui questi individui saranno incoraggiati a sostenere l'Intromissione, e saranno incoraggiate le loro convinzioni riguardo alle fragilità e alla peccaminosità dell'umanità. Anche la loro speranza che qualche potere più grande da oltre il mondo venga a salvare l'umanità dalla sua stessa fine sarà grandemente incoraggiata. Qui insegneranno che loro fanno parte di un più grande sodalizio di vita, che è dimostrato dall'Intromissione stessa. Qui le loro opinioni e aspirazioni religiose saranno incoraggiate ma dirette verso i Collettivi.

A questi individui verrà detto di avere fiducia nella presenza extraterrestre che è nel mondo, che essa è qui per elevare l'umanità, per trasformarla e per salvarla dai suoi stessi errori. Saranno incoraggiati a diventare i suoi rappresentanti, a diventare i suoi oratori, a ispirare gli altri a dare la loro fede e la loro fiducia alla presenza extraterrestre e a diventare parte di questo movimento nella coscienza, questo grande cambiamento evolutivo che sta avvenendo in mezzo a loro. Eppure questi individui, senza conoscere la vera natura o le intenzioni dell'Intromissione, diventeranno inconsapevolmente i suoi oratori e i suoi rappresentanti. Essendo diventati parte del Programma di Pacificazione dei visitatori, queste persone ora pacificheranno gli altri e li porteranno all'Intromissione.

Così, mentre i visitatori cercano collegamenti con individui in posizioni di potere nel governo e nella religione, cercano anche di stabilire emissari in tutta la popolazione umana. Per quegli individui sensibili che non possono diventare ricettivi e cooperativi con l'Intromissione, le loro abilità e capacità saranno ostacolate e vanificate. Se tali individui cominciano a farsi un'idea della vera natura dell'Intromissione, possono diventare il bersaglio di un vero e proprio sconvolgimento mentale. Inoltre, tra i sensitivi e i veggenti, ci sarà una ricerca di quei pochi individui che vivono oggi nel mondo e che hanno una consapevolezza innata e intuitiva dei depositi. La ricerca di questi individui è in corso.

I visitatori capiscono che la chiave della fedeltà umana è la ricerca del potere, della ricchezza e della realizzazione spirituale. Qui le persone opereranno contro i loro stessi interessi se credono che le loro attività siano ordinate e sostenute da un potere superiore. Abbiamo già parlato di questo nella nostra prima serie di discorsi. Ancora una volta dobbiamo approfondire questo punto. Forse vedrete coloro che affermano di essere veggenti e sensitivi essere di supporto e incoraggiare le persone a fidarsi e a credere nella presenza dei visitatori, credendo che i visitatori rappresentino una consapevolezza spirituale, una forza spirituale, persino l'evoluzione stessa. I visitatori diranno loro: "Guarda, noi non abbiamo guerre. Viviamo in pace e cooperazione. Voi non avete raggiunto queste cose. Perciò, confidate nel fatto che siamo in grado di darvele e di insegnarvi le vie della cooperazione e di insegnarvi a vivere in pace, armonia ed equanimità".

Chi tra gli idealisti può resistere a una simile tentazione, avendo perso la fiducia nello spirito umano? Avendo rinnegato in una certa misura le istituzioni umane, ora guardano il cielo per aiuto, per ispirazione e per la salvezza stessa. Poi quando vengono presi dai visitatori o contattati dai visitatori, tali predisposizioni li mettono nella posizione perfetta per diventare ricettivi all'Intromissione e per diventare emissari dell'Intromissione.

A coloro che non collaboreranno verranno date informazioni confuse. Possono anche essere tormentati mentalmente, a meno che non invochino il potere degli Unseen Ones, La Presenza Angelica, per aiutarli. Allora devono acquisire una forte posizione di resistenza all'Intromissione con una reale comprensione dei suoi motivi. Le nostre parole daranno loro forza e incoraggiamento. Questo in parte è il motivo per cui il nostro messaggio è così urgentemente necessario nel mondo di oggi.

Il prossimo gruppo che sarà contattato saranno coloro che sono zelanti rappresentanti delle loro tradizioni religiose. Il loro fondamentalismo è molto vicino per molti aspetti alla filosofia e alla mentalità dei Collettivi. I Collettivi sostengono una sola visione della realtà e una sola visione della comunità, e la tengono in riverenza quasi al punto di essere un'enfasi religiosa. Le persone che sono zelanti, specialmente quelle che sono piene di rabbia e risentimento contro il mondo e contro coloro che vedono opporsi a loro, diventeranno i primi candidati a sposare una cooperazione con i Collettivi e la distruzione di coloro che stanno contro i Collettivi.

Questa è una situazione molto difficile e pericolosa, perché i visitatori useranno la fedeltà umana e i loro emissari umani per svolgere le loro attività distruttive nel mondo. Non saranno i visitatori a distruggere coloro che non vogliono e non possono cooperare. Saranno le controparti umane dei visitatori, i loro rappresentanti umani, a compiere tale distruzione. In questo modo, la vera natura e lo scopo dell'Intromissione rimangono nascosti e tali atti di violenza saranno semplicemente attribuiti all'errore umano e alla violenza umana, e dimostreranno la necessità dell'Intromissione. Perché i visitatori diranno ancora: "Guardate questi terribili atti di violenza! Noi non siamo violenti. Non veniamo con armi da guerra. Non vi distruggiamo. Questo è il risultato dell'ignoranza umana e della depravazione umana. Vi insegneremo a superare tutte queste cose". Così anche la violenza che viene perpetrata dall'Intromissione sarà usata dai visitatori per sostenere la loro superiorità e per contribuire all'illusione che essi stessi non usano l'inganno, la manipolazione o la forza per ottenere il loro vantaggio.

Chiaramente, ci sono individui nel vostro mondo che sono molto zelanti nel rappresentare le loro credenze e aspirazioni religiose. Gli Unseen Ones ci hanno detto molto su questo, e naturalmente lo abbiamo visto in molti altri mondi. Non è una cosa esclusiva del genere umano. Tuttavia è una forma di passione cieca, e la passione cieca alimentata dalla rabbia e dall'ostilità diventa una forza che consuma l'individuo, una forza che può essere altamente manipolata ed è vulnerabile all'usurpazione da parte dell'Intromissione stessa.

Queste persone zelanti raduneranno un movimento di stretta adesione ed escluderanno coloro che si oppongono a tale stretta adesione. La violenza sarà esercitata sui miscredenti e questi saranno messi da parte. In questo modo, attraverso gli occhi dell'Intromissione, coloro che si oppongono all'Intromissione e coloro che non possono volentieri sostenerla saranno identificati e saranno cerniti tra le molte persone che abitano il vostro mondo. E il vaglio avverrà a livello di interazione umana. In questo modo, i visitatori riconosceranno i loro veri avversari e i loro potenziali avversari. Allora avendo ottenuto così una rete di rappresentanti umani che sono zelanti nel sostenere e portare avanti le loro cause religiose, l'Intromissione userà questi individui come mezzo attraverso il quale la violenza sarà perpetrata. Per tutto il tempo, i visitatori rimarranno apparentemente al di sopra e al di fuori di tale attività e comportamento.

Potreste fermarvi a questo punto e chiedervi: "Beh, come possono accadere queste cose? Sembra così estremo! Sembra così negativo, così terribile!". Ma per chiunque abbia studiato la storia dell'umanità, vedrete dimostrazioni di tutte queste cose di cui stiamo parlando—manipolazioni religiose, ibridazioni, violenza sugli avversari, in particolare in situazioni in cui le popolazioni native sono incoraggiate ad accettare e ricevere i nuovi visitatori. È molto più facile governare uno che crede nella propria causa ed è cooperativo che uno che è semplicemente sottomesso. L'umanità ha una grande forza per liberarsi dalle catene dell'asservimento. E così l'Intromissione cercherà di usare questi incentivi per ottenere quanta più cooperazione e quanta più fede possibile nella loro presenza e nella loro causa. Impiegheranno individui in posizioni di potere, coloro che hanno grandi sensibilità e capacità psichiche e coloro che sono zelanti rappresentanti delle loro tradizioni religiose, per favorire e generare tale cooperazione.

Per la grande maggioranza delle persone nel vostro mondo, l'Intromissione sarà sconosciuta e completamente nascosta. Tuttavia, per coloro che ne vengono a conoscenza, perché sono stati presi o perché sono stati testimoni di prove dell'Intromissione nel vostro mondo, questi individui saranno incoraggiati a credere e a sostenere l'Intromissione, altrimenti saranno messi da parte e tormentati da loro. Già ci sono individui nel vostro mondo, noi comprendiamo, che sono stati messi da parte e che sono tormentati, che hanno visto e sentito e riconosciuto cose che non possono incorporare nella loro comprensione. Non trovando misericordia tra i loro compagni umani, si deteriorano nella depressione e nell'auto-dissociazione.

Qui i visitatori tentano di legarvi a loro o di spegnervi. Solo chi è forte con La Conoscenza sarà in grado di resistere alla persuasione e di trovare isolamento e libertà dal tormento. Ecco perché l'apprendimento della Via della Conoscenza deve essere incoraggiato.

Qui dovete imparare a contrastare la vostra tendenza a voler vedere un buon risultato e prendere una posizione speranzosa, che vi rende vulnerabili alla persuasione e alla manipolazione. Dovete vedere con occhi chiari, occhi sobri, senza speranza e paura, ma con una chiarezza di Conoscenza dentro di voi. Se riuscite ad acquisire questa consapevolezza, tutto ciò che vi diciamo e tutto ciò che vi ricordiamo vi diventerà così evidente. Non avete bisogno di vivere nello spazio per vedere queste cose. Non avete bisogno di aver viaggiato intorno alla Comunità Più Grande per capire ciò che sta accadendo nel vostro mondo. Ma avete bisogno di assistenza. Avete bisogno di una prospettiva più ampia. Avete bisogno di una maggiore comprensione. Vi serve l'incoraggiamento a vedere chiaramente e a non cedere la vostra mente, il vostro cuore o il vostro mondo a nessuna forza che vi prometta pace, potere, libertà o equanimità. Perché queste cose devono nascere dalla vostra natura e dalle vostre attività. Non possono esservi forzate e nemmeno regalate. Dovete ottenerle e costruirle voi stessi.

A questo punto, all'inizio, dovete informarvi. Inoltre dovete diventare sobri e saggi. Potete dubitare delle nostre parole, ma non troverete altrove una tale rassicurazione, perché noi siamo i soli rappresentanti dei vostri alleati. Le altre forze extraterrestri che sono effettivamente coinvolte nel vostro mondo, anche se cercano di presentarsi come alleati e salvatori dell'umanità, sono qui solo per ottenere la vostra fedeltà e prendere il controllo del vostro mondo. Non avete amici tra di loro. La situazione è molto chiara ma molto difficile, molto impegnativa. Non è ambigua. Anche se avete molte domande sulla vita nella Comunità Più Grande e sulla realtà dell'Intromissione stessa, molte domande alle quali nemmeno noi possiamo rispondere con successo, potete comunque vedere chiaramente quello che sta succedendo e fare lo sforzo necessario per resistere. Avete il potere individuale e collettivo per farlo.

Anche se i visitatori hanno una tecnologia superiore, il successo di tutta la loro missione si basa sulla loro capacità di persuadere e incoraggiare la fedeltà umana. Voi avete il potere di resistere a questo. Avete il potere di vedere attraverso l'inganno. Non è la tecnologia che vi serve ora, ma la consapevolezza, il discernimento e la convinzione interiore. La situazione è molto chiara, se riuscite a vederla, e una volta che la vedete, non avrete alcun dubbio su ciò che sta accadendo, e vi guarderete intorno e vedrete con grande preoccupazione come gli altri stanno assecondando o addirittura incoraggiando proprio ciò che toglierà all'umanità la propria libertà e autodeterminazione.

Come abbiamo detto, tutto questo fenomeno non è una situazione mistica o complessa che va oltre la comprensione umana. È la natura che viene esercitata sottilmente, con grande abilità. È un potere più grande che cerca di approfittare di uno più debole. Tale attività avrà successo o fallirà, a seconda della forza e della determinazione della forza più debole. Ai Collettivi è impedito di prendere semplicemente il controllo del vostro mondo. I loro concorrenti non lo permetteranno e le organizzazioni dominanti, che governano il commercio e gli scambi in questa regione in cui risiede il vostro mondo, non lo permetteranno. Un Collettivo funzionerà secondo le regole, ma al di là di queste regole userà ogni mezzo possibile per assicurarsi i suoi obiettivi e per compiere la sua missione.

Una grande persuasione è stata calata sul mondo. Ha molte vie di espressione e di enfasi. Eppure è tutto finalizzato a un obiettivo: portare l'umanità a una posizione di fiducia, fedeltà e sottomissione all'Intromissione stessa. Questo nasconde completamente la vera natura dell'occupazione che viene tentata nel vostro mondo. Questa occupazione diventerà facilmente riconoscibile una volta che sarà pienamente stabilita, ma a quel punto sarà troppo tardi per voi per contrastare le sue influenze senza grandi lotte e sacrifici.

Pertanto, vi esortiamo e vi incoraggiamo fortemente a porre questo fenomeno in primo piano nella vostra consapevolezza e attenzione. Avete tempo per fermare l'Intromissione. Può essere fermata. Avete il potere e la forza collettiva per farlo. Non è la tecnologia il vostro svantaggio. È l'ignoranza. È l'avidità. È l'ostilità. È l'ingenuità. Queste sono le cose che mineranno la forza dell'umanità. Sono queste cose che permetteranno al mondo di essere conquistato senza che la guerra e la violenza siano effettuate su larga scala. Ma è il potere della Conoscenza dentro di voi che farà la differenza nell'impedire questo, una volta che avrete gli occhi per vedere e potrete capire chiaramente la situazione.

I Collettivi

Nella Comunità Più Grande esistono società a ogni livello concepibile di sviluppo sociale e spirituale. Si va dalle società pre-agricole fino agli imperi, ai Collettivi e ad altri tipi di organizzazioni stabilite tra i mondi per la difesa reciproca e il commercio. A ogni livello di questa evoluzione, ci sono innumerevoli espressioni. Tuttavia, come abbiamo detto, ci sono vaste regioni della galassia che sono inesplorate e scarsamente popolate, dove molte società vivono in segreto. Inoltre ci sono molte culture che non sono mai state scoperte.

Nel nostro discorso precedente, abbiamo dato l'analogia della galassia collegata con una serie di percorsi, come una cartina stradale nel vostro mondo. Ci sono vie principali di viaggio, ci sono vie secondarie di viaggio, e ci sono zone dove non esistono affatto "strade".

Le impressioni che vorremmo darvi riguardo alla Comunità Più Grande sono molto rilevanti per la vostra posizione nello spazio e sono molto descrittive degli ambienti che sono in prossimità del vostro mondo.

Tuttavia il vostro campo visivo è ancora estremamente limitato, e non potete vedere oltre i pianeti più vicini nemmeno nel vostro sistema solare. I vostri tentativi di comunicazione radio sono inutili perché nessuno usa questo tipo di tecnologia per la comunicazione interplanetaria.

Il viaggio nell'universo è molto accelerato rispetto ai vostri standard, ma è ancora molto lento, data l'enormità del paesaggio fisico. I grandi imperi e i Collettivi possono estendersi solo dove hanno stabilito un'infrastruttura nelle vicinanze. Gestire avamposti lontani è molto difficile dal punto di vista logistico e presenta altri rischi riguardanti l'Intromissione di altre razze, nonché problemi con le giurisdizioni regionali e le dispute. Per questo motivo, in aree scarsamente popolate della galassia, i Collettivi non si troveranno. Anche i grandi imperi possono raramente inviare esploratori di risorse in queste regioni, perché sono troppo distanti, e anche se si potessero fare delle scoperte, i problemi logistici per inviare rifornimenti e ottenere l'accesso a queste risorse sono formidabili. Per complicare ulteriormente la questione, nelle aree più popolate della galassia, ci sono regole di condotta regionali. Quindi le nazioni non sono così libere di muoversi ovunque vogliano nelle loro esplorazioni.

Naturalmente, non possiamo aspettarci che la famiglia umana capisca questo. La vostra prospettiva attuale è che l'universo sia davvero lì per essere esplorato ed essere preso per ottenere un vantaggio vostro. Ma, ahimè, non siete i primi ad arrivarci. Poi ci sono molte civiltà e imperi che sono molto più antichi di qualsiasi cosa che l'umanità abbia stabilito finora sulla Terra.

Guerre e grandi conflitti si verificano nell'universo, ma sono relativamente rari. Ribellioni e dispute interne sono più comuni, ma le guerre tra grandi nazioni e imperi nell'universo sono molto più rare di quanto si possa pensare. Non possiamo parlare di altre galassie, perché non ci siamo mai avventurati lì. Ma da quello che sappiamo di questa galassia e dai nostri viaggi, sappiamo che queste cose sono abbastanza vere.

L'umanità sta ancora scoprendo molti segreti sulla tecnologia, ed è qui che ripone le sue speranze e le sue aspettative. Tuttavia, tra le nazioni più avanzate, il potere dell'influenza nell'ambiente mentale è l'arena di influenza di gran lunga più grande. Perché, come abbiamo detto, la tecnologia può essere acquistata e copiata. Non è lì che di solito si trovano i veri vantaggi.

Tuttavia, le risorse sono preziose, quindi la distruzione degli ambienti naturali è generalmente guardata con disfavore. Per preservare queste risorse e questi ambienti, la maggior parte degli esploratori di risorse, compresi i Collettivi, cercheranno di persuadere la razza nativa ad allearsi con loro piuttosto che cercare di conquistare quella razza con la forza. Questa strategia è compresa anche da molte civiltà avanzate, che hanno imparato attraverso molte prove ed errori e attraverso molti periodi difficili nella storia dei loro mondi. Man mano che le società diventano tecnologicamente più avanzate, il bisogno di risorse è maggiore e la conservazione delle risorse naturali diventa un'enfasi maggiore. In molti casi, i mondi abitati hanno esaurito le risorse dei loro pianeti, fino al punto in cui questi mondi sono diventati sterili e improduttivi.

Questo dimostra perché il vostro mondo è visto con tanto interesse da quelle poche razze, relativamente parlando, che sono a conoscenza di voi. Biologicamente ricco, ricco di risorse, strategicamente importante e accessibile a molti dei Collettivi che vivono in questa parte della galassia, è un vero premio.

La vostra vicinanza a zone abbastanza ben abitate rappresenta per voi sia uno svantaggio che un vantaggio. Lo svantaggio, naturalmente, è che il vostro mondo sarà riconosciuto ed è alla portata dei Collettivi, che sono solo una forma di struttura sociale nell'universo. Il vantaggio per voi, invece, è che il vostro mondo non può essere conquistato, perché vivete in una regione che è governata da regole di condotta. Se il vostro mondo esistesse in una parte molto remota della galassia, dove tali regole di condotta non fossero stabilite, allora il vostro mondo potrebbe essere preso con la forza. Potrebbe essere preso da esploratori di risorse, da pirati, da grandi stati nazionali, da chiunque possa accedervi e mantenere il controllo e l'autorità.

Quindi il fatto che voi viviate in una parte dell'universo più, diciamo, "civilizzata", vi dà un certo grado di protezione. In questa regione, dove abitiamo anche noi, è illegale che un nuovo mondo come il vostro venga invaso senza il permesso della razza indigena. Questo significa che il vostro mondo non può diventare parte di un'associazione più grande a meno che l'umanità non dimostri visibilmente che è d'accordo e che accoglie l'intromissione.

Siccome la Comunità Più Grande, specialmente la zona in cui vivete, è un ambiente molto competitivo e siccome ci sono molti Collettivi che vi abitano, essi tendono a controllarsi a vicenda e, se necessario, intraprenderanno azioni legali l'uno contro l'altro se le regole basilari di condotta vengono violate. Perciò, se un Collettivo cercasse di prendere questo mondo con la forza, sarebbe contrastato da altri Collettivi che hanno un interesse in questo mondo e dai loro concorrenti altrove, che terrebbero sotto controllo questo tipo di azioni.

Non possiamo aspettarci che conosciate i dettagli di una situazione così complessa, ma è importante che sappiate che l'universo intorno a voi non è vuoto e privo di vita. È importante che sappiate che l'universo vicino ai vostri approdi non è primitivo e senza regole. Questo vi aiuterà a capire come funzionano i Collettivi che intervengono nel vostro mondo e come possono essere contrastati. Questo vi dà certi vantaggi, che dovete imparare a riconoscere e a impiegare a vostro favore.

Ci sono altre parti dell'universo dove esistono grandi imperi che stabiliscono le loro regole e hanno pochi competitori nelle loro regioni. Ci sono anche molte altre zone in cui molte nazioni si sono unite in associazioni economiche, politiche o militari, o tutte e tre, per il commercio e la difesa reciproca. Queste sono abbastanza comuni nelle zone ben abitate dell'universo.

La regione in cui vivete, che comprende, secondo i vostri calcoli, una zona molto vasta, contiene circa cinquemila stelle. La chiamiamo regione perché è così che è delineata. Si tratta di una parte molto piccola della galassia, come potete immaginare, ma abbastanza grande per quanto riguarda i vostri interessi e bisogni. In questa regione, ci sono importanti regole di condotta. Avete piccoli imperi, alcuni dei quali si chiamano dittature e altri di natura più democratica. Avete dei Collettivi, che sono abbastanza potenti ma limitati in alcune aree della loro influenza. Tuttavia, all'interno di questa regione, tutte le aree che sono collegate dalle principali arterie commerciali sono governate da codici e organi consiliari. Questo per garantire la sicurezza e l'incolumità e per assicurare che la violenza non sfoci in una guerra totale. Le dispute si verificano frequentemente e sono gestite attraverso negoziati oppure attraverso procedure legali.

Tuttavia, questi organi di governo sorvegliano solo le rotte commerciali, principalmente, e sono sostenuti da organizzazioni di stati che ne fanno parte per il loro mutuo beneficio e la loro sicurezza. Alcune di queste organizzazioni sono più forti di altre. Tuttavia, dove ci sono potenze concorrenti più grandi, le regole di condotta sono prese abbastanza seriamente e vengono fatte rispettare abbastanza seriamente.

Nella regione in cui esiste il vostro mondo, i Collettivi non possono avere eserciti o forze militari. Hanno però il permesso di avere forze di sicurezza per la propria difesa. Essendo principalmente istituzioni economiche, cercano di proteggere i loro interessi e le loro vie di commercio con le loro forze. Ma non hanno grandi eserciti come si potrebbe immaginare. Possono assumere forze di sicurezza quando viaggiano in zone considerate poco sicure per il commercio o che sono politicamente instabili tra le nazioni residenti. Ma essenzialmente i Collettivi, che ora vorremmo dedicare un po' di tempo a descrivere, non sono potenze militari. Sono potenze economiche. Il loro obiettivo è il commercio, l'acquisizione di risorse e la costruzione di alleanze tra mondi come il vostro.

Ci sono molti Collettivi che operano nella regione in cui esiste il vostro mondo. Alcuni di questi collettivi hanno il loro centro in questa regione. Alcuni hanno centri altrove e hanno grandi stabilimenti satellite qui. È un fatto interessante della vita che ovunque esistano i Collettivi e siano in competizione tra loro, le altre nazioni hanno stabilito le loro difese contro di loro in modo che i Collettivi non possano intervenire negli scambi, nel commercio e negli affari interni di questi mondi. Poiché stiamo parlando di molte nazioni all'interno di una regione, molte delle quali hanno i loro stabilimenti militari, i Collettivi devono poi rispettare certe regole di condotta o affrontare conseguenze molto gravi. Non avendo armi significative proprie, devono utilizzare le negoziazioni, la diplomazia e l'influenza come mezzi primari di realizzazione.

Pertanto, coloro che state incontrando nell'universo in questo momento rappresentano organizzazioni altamente organizzate, molto gerarchiche, la cui funzione è l'acquisizione e lo sviluppo delle risorse. I Collettivi, in generale, sono composti da una serie di razze che funzionano a diversi livelli di autorità e di comando. Coloro che controllano realmente i Collettivi che funzionano nel vostro mondo probabilmente non sono ancora stati incontrati da nessuno nel mondo. Avete riconosciuto solo le classi operaie che sono allevate per servire in funzioni specifiche. Sebbene siano entità biologiche, i loro codici biologici, il loro addestramento, la loro educazione e il loro focus genetico hanno dato loro pochissima individualità e capacità individuali di ragionamento e discernimento. Funzionano molto come, beh, una mente collettiva. Sono rigidamente controllati. Hanno poca o nessuna libertà personale. Le loro aree di funzione sono molto specifiche e vengono svolte con impressionante efficienza.

Eppure i Collettivi sono intrinsecamente deboli perché non sono costruiti su ciò che chiamiamo "Conoscenza". Pertanto, non hanno la forza dell'intuizione. Non sono creativi nei loro approcci. Tendono a imitarsi a vicenda. Fanno affidamento sulla loro struttura, sui loro codici di condotta e sulla loro capacità di manipolare i pensieri e i sentimenti non solo dei loro membri ma di quelle razze che cercano di influenzare. Mentre i Collettivi sono molto potenti sotto certi aspetti, hanno delle debolezze intrinseche.

Nel corso della storia, i Collettivi hanno avuto grandi difficoltà a mantenere il controllo e l'autorità sulle loro popolazioni residenti perché comprendono molti gruppi razziali diversi. Le classi operaie sono allevate per servire, ma anche loro hanno certe qualità che le classi dirigenti dei Collettivi trovano difficili da gestire. Si sono verificate rivolte e i Collettivi hanno subito grandi perdite come risultato. Sono certamente imperfetti, ma più fondamentalmente, non sono governati dalla Conoscenza, o dal potere dello Spirito. Questo significa che le loro difese possono essere penetrate, i loro segreti possono essere scoperti, le loro attività possono essere rivelate e i loro inganni possono essere compresi da coloro che sono forti nella Conoscenza e che sono liberi di vedere, sapere e agire.

Altre nazioni in regioni come la vostra trattano i Collettivi con molta, molta attenzione e non permettono loro alcun tipo di penetrazione negli affari interni del loro mondo. A volte i Collettivi sono visti come un male necessario per fornire risorse essenziali di cui questi mondi hanno bisogno. I Collettivi hanno grande competenza e una grande abilità nei settori in cui sono forti. Le nazioni che sono state in grado di interagire con loro con successo hanno dovuto mantenere una distanza significativa ed essere estremamente discrete.

Certamente, intromissioni come quella che sta avvenendo nel vostro mondo non sarebbero permesse da nessuna razza che comprendesse i suoi veri interessi e le realtà della vita nell'universo. Il fatto che l'Intromissione sia ben avviata nel vostro mondo dimostra che l'umanità non ha questa consapevolezza e non ha l'unità o la coesione sociale per resistere e contrastare interventi ingiustificati e indesiderati come questo.

Ci è stato detto che ci sono grandi organizzazioni economiche che hanno interessi in tutto il vostro mondo e che impiegano diverse nazioni e diversi gruppi al servizio di queste organizzazioni. Forse questo può servire, quindi, come esempio. Ma i collettivi sono molto più grandi. Possono comprendere centinaia di mondi e stabilimenti planetari ed esistere in vaste zone dello spazio. Possono avere un controllo significativo e sono sempre interessati a guadagnare nuove alleanze e nuovi membri.

I Collettivi sono solo una forma di struttura sociale nell'universo. I Collettivi variano tra loro. Alcuni sono puramente economici e secolari per quanto riguarda la loro costituzione, il loro focus, la loro teoria e filosofia. Altri hanno componenti religiose. Tuttavia, anche se hanno componenti religiose non significa che siano di natura religiosa. Significa semplicemente che parte della loro filosofia comprende la spiritualità, a prescindere da quale grado di consapevolezza spirituale esista e diriga la consapevolezza o l'interesse spirituale dei loro membri, in particolare tra le sue classi dirigenti. Eppure abbiamo trovato, con pochissime eccezioni, che i Collettivi considerano la propria sopravvivenza e la propria struttura come l'unico obiettivo della loro devozione. La loro devozione è quasi di natura religiosa, anche se le loro organizzazioni raramente lo sono. Se fossero forti con La Conoscenza, non sarebbero Collettivi.

Fondamentalmente, un Collettivo è diverso da un impero in quanto non ha un pianeta d'origine. È un gruppo di pianeti dissimili che si sono uniti, di solito attraverso la conquista e la persuasione, e sono diventati una forza economica formidabile. Mentre un impero è di solito centrato in un mondo o in una regione da una razza, i Collettivi sono composti da molte razze diverse. Non siamo mai stati in grado di penetrare la gerarchia di un Collettivo, quindi non possiamo parlare della composizione della sua leadership in termini di contesto razziale. Ma sappiamo che sono diversi e che gestiscono la loro diversità con un rigido codice etico e un controllo gerarchico che voi trovereste totalmente oppressivo. Certamente, noi non potremmo vivere all'interno di una tale società, anche se nei nostri casi, siamo stati molto vicini a doverlo fare.

La vera democrazia, come la chiamereste voi, esiste nell'universo, anche in grandi manifestazioni, ma è molto più rara di quanto si possa pensare. E certamente ogni vera democrazia dovrebbe diventare molto forte nei suoi rapporti con la Comunità Più Grande, molto attenta a evitare, se possibile, interazioni con i Collettivi e altri tipi di imperi aggressivi.

Non c'è un solo impero o Collettivo nell'universo che sia predominante. C'è troppa diversità e vita. C'è troppa competizione. E ci sono state dispute di lunga data tra alcune nazioni. La tecnologia avanzata abbonda in molte società, quindi i vantaggi ricercati non sono di natura tecnologica. Anche se alcune nazioni sono più ricche di altre, le difese sono diventate formidabili nell'universo contro le intrusioni violente. Anche qui, i Collettivi hanno certi tipi di vantaggi in quanto non usano la forza. Non fanno affidamento su una presenza militare per raggiungere i loro obiettivi.

I nostri mondi nativi esistono tutti nella regione del vostro mondo o nelle vicinanze. Tutti abbiamo avuto a che fare con i Collettivi. Tutti abbiamo avuto a che fare con esploratori di risorse di altre nazioni. Abbiamo tutti dovuto imparare a proteggere e assicurare la nostra libertà e a diventare il più possibile autosufficienti, in molti casi dipendendo l'uno dall'altro per le risorse essenziali per la nostra sopravvivenza e benessere.

Più un mondo può diventare autosufficiente e più può sostenere questa autosufficienza, più forte e più indipendente sarà per natura nell'universo. Spesso le nazioni diventano dipendenti dai Collettivi perché hanno esaurito le loro risorse fondamentali e devono allora affidarsi al commercio e agli scambi per le cose fondamentali di cui hanno bisogno per vivere. Questo, naturalmente, li rende estremamente vulnerabili all'usurpazione, e in molti casi diventano essi stessi parte dei Collettivi o estremamente dipendenti da essi.

Con il deterioramento del vostro ambiente naturale e il rapido esaurimento delle vostre risorse essenziali, vi state muovendo in una posizione di estrema vulnerabilità e impotenza nell'universo. Questo deve diventare parte della vostra comprensione. C'è poca o nessuna consapevolezza delle realtà della vita, del commercio e della manipolazione nell'universo tra la vostra gente, anche tra i vostri governi e leader. Abbiamo imparato molto dalle vostre comunicazioni, e abbiamo imparato molto dagli Unseen Ones. Il vostro mondo, sotto molti aspetti, ha problemi comuni alla vita emergente e in via di sviluppo in tutto l'universo.

Avete quindi un interesse intrinseco a mantenere e sostenere le risorse fondamentali del vostro mondo e a rigenerarle con successo. Senza questo, i Collettivi avranno un grande vantaggio nei loro incentivi. Senza questo, anche se voi resistete ai Collettivi, alla fine avreste bisogno di ciò che essi hanno da offrire—materie prime, energia, produzione di prodotti alimentari, tecnologia avanzata. Tutte queste cose creano uno stato di dipendenza, sia verso un Collettivo che verso molti altri tipi di stati, nazioni e organizzazioni che sono direttamente coinvolte nel commercio e negli scambi. Chiaramente il vostro mondo sarebbe in grande svantaggio se non poteste contrattare con successo proprio le cose di cui avete bisogno. Alla fine, dovreste accettare qualsiasi condizione vi venga presentata. Il risultato di questo diventa ovvio. Siete incorporati nell'infrastruttura di altri mondi, che sia un Collettivo, un impero o un'associazione aggressiva di mondi, che sono sempre alla ricerca di nuovi territori e nuove risorse.

Gli Unseen Ones ci hanno detto, in risposta alla nostra prima serie di discorsi, che molte persone si sentono impotenti e senza speranza di fronte all'incontro con tutte queste cose. Noi lo capiamo. Noi stessi abbiamo affrontato queste soglie, con conseguenze molto gravi perché non ci siamo preparati in tempo. Tuttavia, come abbiamo detto e dobbiamo continuare a sottolineare, l'umanità ha il potere e la capacità di fermare l'Intromissione e di prevenire futuri interventi di questo tipo. Voi avete una Conoscenza inerente che vive dentro di voi. Questo è ciò che intendiamo per spiritualità. Avete abbastanza potere individuale e abbastanza tecnologia per impedire il tipo di intervento che sta avvenendo nel vostro mondo in questo momento. Potreste scacciare l'Intromissione se aveste la volontà di farlo. Ma dovete diventare istruiti sulla Comunità Più Grande, e dovete essere molto chiari e sobri riguardo a ciò con cui avete a che fare in questo momento. Ecco perché il nostro consiglio è così importante, se sapete riceverlo.

Parte dell'induzione dell'Intromissione è scoraggiare coloro che sono consapevoli della sua vera natura. In altre parole, per quegli individui che diventano consapevoli dell'Intromissione, l'obiettivo dei visitatori sarà allora demoralizzarli e scoraggiarli, farli sentire deboli, inermi e impotenti di fronte a loro, far loro pensare che sono visitati da poteri enormi con forza illimitata, e che non hanno assolutamente alcuna possibilità di resistere alla persuasione dei visitatori o di opporsi alla loro presenza nel mondo.

Questa è solo una parte della manipolazione che viene perpetrata. Per coloro che sembrano cooperativi e ricettivi, verranno sottolineati i gloriosi benefici della collaborazione con i visitatori. Per coloro che sono dubbiosi su queste cose o che non possono essere persuasi, allora lo scoraggiamento e la demoralizzazione saranno l'influenza principale.

Qui, quindi, è necessario che capiate che il vostro senso di debolezza e di impotenza non è semplicemente un prodotto della vostra mancanza di fiducia in voi stessi, ma è in realtà parte della manipolazione che viene calata nel vostro ambiente mentale. Comprendiamo che i governi del vostro mondo incoraggiano le loro popolazioni a sentirsi deboli e dipendenti dalla struttura e dall'autorità del loro governo. Ma qui stiamo parlando di un tipo di influenza più grande e più pervasiva.

L'umanità soccomberà o perché è persuasa a farlo o perché è scoraggiata a resistere. Queste sono due forme di manipolazione con un obiettivo comune. Perciò non dovete perdere la fede. Dovete imparare la vita nella Comunità Più Grande.

Avete forze e debolezze. I Collettivi hanno forze e hanno debolezze. La vostra posizione nell'universo ha vantaggi e svantaggi. Avete anche alleati che vogliono vedere la libertà umana protetta e che vogliono vedere l'umanità emergere nella Comunità

Più Grande come un mondo libero, unito e protetto. Questo noi lo sosteniamo ovunque, perché questa è la vera inclinazione spirituale. Nell'universo in cui vivete, ci sono formidabili forze di opposizione contro questo. Tuttavia ci sono forze potenti che mantengono viva la libertà e la incoraggiano e la nutrono ovunque ciò possa essere realizzato.

Perciò, capite che se vi sentite deboli e impotenti e sopraffatti, parte di questa sensazione proviene dall'Intromissione stessa. Qui dovete acquisire una grande fiducia nella bontà intrinseca dell'umanità e riconoscere il valore reale della vostra libertà. Non siete mai stati sfidati in questo modo prima d'ora. La vostra libertà non è mai stata sfidata come razza, come popolo, come mondo in questo modo. Eppure tutti nel mondo possono almeno apprezzare la possibilità di libertà e qualsiasi libertà possano avere in questo momento. Ora è tutto a rischio.

È qui che trovate la vostra unità comune, ed è qui che sanate i vostri conflitti e le vostre antiche animosità reciproche. È qui che regolate i vostri conti, perché ora non hanno più importanza. Ciò che conta è la conservazione della libertà umana e la vostra preminenza nel vostro mondo. Ciò che importa ora è la conservazione delle risorse del vostro mondo per la vostra futura sopravvivenza e sicurezza. Ciò che importa ora è che voi riconosciate l'Intromissione e facciate i passi necessari per contrastarla e fermarla. Questo deve avvenire a ogni livello delle vostre società: a livello di governo, a livello di religione e a livello di volontà della gente comune.

Ci sono grandi forze spirituali nel mondo che conosciamo che sostengono questo e lo incoraggiano. Tuttavia la loro influenza e le loro voci possono essere oscurate dagli effetti dell'Intromissione e dall'ignoranza delle persone stesse. Nei nostri mondi, emissari furono inviati per avvertirci del pericolo imminente che correvamo a causa dell'infiltrazione di potenze straniere nei nostri mondi. Eravamo sedotti, come voi lo siete ora, al fine di unirci nei benefici reciproci degli scambi e del commercio. Quelli di noi che erano scettici e quelli di noi che hanno resistito a tale persuasione sono stati alienati dalle nostre società e sono stati dissuasi, scoraggiati e demoralizzati al punto in cui non potevamo avere voce in capitolo, al punto in cui non potevamo rappresentare la volontà del popolo.

Se il vostro popolo vuole semplicemente piccoli gingilli dall'universo, nuovi giocattoli tecnologici con cui giocare, e darebbe via la sua libertà e la sua autonomia per questo, allora certamente le nostre parole non saranno sufficienti. Ma l'istruzione deve iniziare da qualche parte. E deve raggiungere quelle persone che hanno già una sensibilità per la Comunità Più Grande. Deve raggiungere quelle persone che apprezzano la libertà umana e non la danno per scontata. Deve raggiungere quelle persone che sono già state colpite dall'Intromissione, direttamente o indirettamente. Deve cominciare da qualche parte. Dovete sapere che avete alleati nella Comunità Più Grande, ma dovete anche sapere che saranno la forza umana e la cooperazione umana che cambieranno le sorti a vostro favore. Non possiamo intervenire oltre a darvi i nostri consigli.

Dovete capire senza ambiguità e confusione la vera natura e lo scopo dell'Intromissione nel mondo di oggi. In questo momento, i vostri veri alleati non sono presenti nel mondo. Non camminano sul vostro mondo. Non dimorano nel vostro mondo. Non stanno influenzando i vostri governi e le persone in posizioni di potere. Non stanno contattando i vostri sensitivi e i vostri veggenti. Non stanno cercando di persuadere nei loro punti di vista coloro che sono religiosi.

Noi parliamo per i vostri veri alleati. Il nostro consiglio ha lo scopo di darvi prospettiva, comprensione e sobrietà e di aiutarvi a controbilanciare le influenze che sono state gettate su di voi e che lo sono state per decenni. Avete il potere di resistere. Avete il potere di unirvi. Avete il potere di scacciare questa influenza.

I Collettivi non credono che voi resisterete e quindi sono meno attenti di quanto dovrebbero essere nell'influenzarvi. Pensano che questo progetto sarà lungo ma facile e che l'obiettivo finale sarà raggiunto senza grandi difficoltà. Dobbiamo quindi parlare a quelle persone che sono pronte e capaci di rispondere. Non c'è nessun altro problema o dilemma nella vostra vita così critico come questo. Tutto quello che voi stabilite per conto vostro per la vostra nazione, per il vostro gruppo, per la vostra cultura o la vostra tradizione religiosa, sarà perso di fronte all'Intromissione. Non vi conviene far parte di un Collettivo. Dovete fidarvi di noi in questo senso e considerare seriamente le nostre parole. Non c'è libertà lì. Non diventerete altro che servi legati ai vostri nuovi padroni. Anche se quelli di voi che rappresentano i vostri padroni avranno certi privilegi, sarete tutti schiavi. E il potere di resistere, anche se può ancora essere esercitato, avrà costi e conseguenze molto maggiori.

Ai poteri di governo che osservano i Collettivi che intervengono nel vostro mondo, deve sembrare che l'umanità si compiace della presenza dei Collettivi. Dall'esterno deve sembrare che l'umanità sia favorevole a questa Intromissione. Ecco perché c'è uno sforzo così grande per assicurare emissari per l'Intromissione e per far sì che individui in posizioni di potere e di leadership sostengano la presenza dei visitatori e affermino le promesse dei visitatori di maggiore ricchezza, potere, libertà e pace. Riuscite a capire quello che vi stiamo dicendo qui? Questo è un inganno, sia nel vostro mondo che oltre.

Finché non ci sarà una voce forte che si oppone all'Intromissione che sia resa nota e pubblica, agli osservatori esterni sembrerà che l'Intromissione sia accolta dall'umanità e sia sostenuta dall'umanità. Già l'Intromissione ha molti oratori e rappresentanti, ma pochi critici vocali. Anche la vostra critica vocale crea problemi all'Intromissione. Anche per le persone che si esprimono e dicono: "No, questo è sbagliato! Ci stanno visitando contro la nostra volontà! Siamo stati persuasi e manipolati contro la nostra volontà! Questo non deve accadere! Non siamo contenti di questo! Ed esigiamo che i visitatori se ne vadano!". Finché queste voci non saranno ascoltate, sembrerà agli organi di governo e a coloro che competono con questi Collettivi, che essi sono qui con il consenso umano. Anche solo suscitare una protesta pubblica avrebbe un grande beneficio qui per voi.

Non è che dovete allontanare fisicamente i visitatori. Dovete invece dimostrare il vostro disappunto per la loro presenza e per le loro attività. Dovete dimostrare sobrietà riguardo ai loro incitamenti e ai loro inganni. E dovete parlare contro il loro tentativo di ibridarsi con l'umanità, di creare una nuova leadership qui. Dovete parlare contro il rapimento di persone contro la loro volontà. Perché queste cose vengono fatte in segreto. Anche le autorità esterne non sanno che questo accade.

Dobbiamo continuare a sottolineare queste cose perché possiate vedere e capire chiaramente. Alzate la voce contro l'Intromissione e l'Intromissione è messa a rischio. Resistete all'Intromissione e l'Intromissione deve fermarsi e i Collettivi devono trovare altri modi per ottenere la vostra attenzione e la vostra fedeltà.

Come abbiamo detto nei discorsi precedenti, nessuno dovrebbe mettere piede sul vostro suolo senza il vostro espresso consenso. I vostri alleati non verrebbero qui senza questo consenso espresso, anche se in un periodo precedente i vostri alleati hanno tentato di raggiungere certi individui nel mondo, a fronte dell'Intromissione. Tuttavia, in generale, nessun vero alleato dell'umanità interverrebbe negli affari umani.

Non pensate di poter persuadere i lavoratori dei Collettivi che molto probabilmente incontrerete nei vostri incontri faccia a faccia. Non hanno il discernimento o la volontà di capire la vostra prospettiva. Stanno solo svolgendo i loro compiti come sono stati allevati a fare. Anche se sono esseri biologici e hanno ancora il potenziale per lo Spirito, la probabilità che voi riusciate a persuaderli è molto, molto limitata. Funzionano in modo insensato. Non hanno il fondamento morale che avete voi. La libertà personale gli è sconosciuta e non la apprezzano, essendogli stato insegnato che la libertà personale è caotica, indisciplinata e distruttiva. Non accetterebbero le vostre suppliche e i vostri ammonimenti. Anche coloro che li gestiscono e li controllano, pur avendo una maggiore autorità, non saranno in grado di comprendere le vostre lamentele o le vostre persuasioni.

Non è così che l'Intromissione sarà fermata. Non sarà fermata dal vostro creare dissenso tra i suoi ranghi. L'Intromissione sarà fermata perché avete creato una voce contro di essa e la vostra gente è unita nell'impedire che avvenga nel mondo. In questo momento, le navi aliene vanno e vengono a piacimento. Le persone vengono prese a piacimento. Le risorse biologiche sono prese a piacimento. L'accesso agli individui in posizioni di potere si fa a piacimento. Non c'è l'accordo collettivo e la resistenza necessaria per impedire nessuna di queste intrusioni, nessuna di queste violazioni dei vostri diritti fondamentali. Questo deve cambiare. E deve iniziare con qualcuno. Deve iniziare con voi e con altri come voi che hanno una maggiore consapevolezza e sensibilità. Deve iniziare con coloro che possono rispondere a un messaggio come il nostro e che hanno la fiducia interiore per sapere che stiamo dicendo la verità.

Cosa vogliono

Come abbiamo detto, coloro che stanno intervenendo nel vostro mondo oggi vogliono ottenere il controllo di questo mondo per ragioni ovvie e per ragioni che non sono così ovvie. Vedono questo mondo come un grande premio, ricco di risorse, governato da una razza che ritengono indisciplinata e indegna di essere gli amministratori di un luogo così meraviglioso. Inoltre apprezzano il vostro mondo, come abbiamo detto, per la sua importanza strategica e per i depositi nascosti che esistono in molte parti del mondo.

Ma questo non risponde completamente alla domanda su ciò che i visitatori vogliono veramente. Qui dobbiamo aprire un'altra porta nel lato più oscuro dell'Intromissione e, così facendo, rivelarvi di più la natura del commercio così come esiste in questa parte della galassia.

Come abbiamo detto, l'Intromissione è principalmente un insieme di forze commerciali, non militari. Guardano il vostro mondo per le sue prospettive, per le sue risorse, per la sua importanza strategica e per i suoi tesori nascosti. Ma quello che dovete capire a questo punto è che attribuiscono un valore anche a voi.

Come abbiamo sottolineato durante i nostri briefing, hanno bisogno di assistenza umana per stabilirsi nel vostro mondo. Hanno bisogno dell'infrastruttura umana. Hanno bisogno del governo e della religione umana. Hanno bisogno della vostra assistenza per stabilire le loro operazioni qui in modo completo e affidabile. Vi forniranno anche una parvenza di quella che era la vostra vita precedente, al fine di mantenere l'ordine umano e la fedeltà al meglio delle loro capacità. Per realizzare e mantenere questo, tuttavia, dovranno stabilire una rete molto profonda di inganno che abbiamo descritto dal principio.

Qui dovete capire che loro considerano anche voi come una risorsa. Non vi considerano come loro pari. Non danno valore alle vostre religioni, alle vostre culture e ai vostri costumi. Vi vedono soprattutto come una delle risorse del mondo. Come tale, cercano di approfittare di voi in tutti i modi che ritengono redditizi e preziosi per i loro interessi.

Per loro, siete una potenziale risorsa. Come risorsa, siete valutati solo per quello che valete per loro, per come potete assisterli e per quello che potete valere come entità e come risorsa di per sé. Dovete fermarvi a considerare cosa significa realmente. Significa che vi considerano come una risorsa biologica, parte di una rete di risorse che esiste in questo mondo. In questo, vi considerano nello stesso modo in cui voi considerate gli animali addomesticati che usate come risorsa. Voi usate questi animali per una varietà di ragioni, lo capiamo. E questo è comune nella Comunità Più Grande nei mondi in cui tali animali possono essere usati come risorsa alimentare. Comprendiamo che usate i vostri animali in molti modi diversi, per fornire molti tipi diversi di benefici e sostanze e così via. Questo è il modo in cui apparite a coloro che visitano il vostro mondo, all'Intromissione. Non vi considerano loro pari. Vi considerano la loro risorsa.

Quello che forse non capite è che ogni anno migliaia di persone vengono prese e non restituite al mondo. Queste persone non sono semplicemente condizionate. Vengono tenute. Alcune di loro muoiono in cattività. Alcune non sopravvivono al processo della loro cattura. Alcuni si ammalano e muoiono. Quelli che non possono sopravvivere e che sono ancora considerati utili all'Intromissione vengono usati come risorsa biologica. Questo significa che il loro sangue, le loro parti del corpo, tutto viene utilizzato secondo il suo valore nella Comunità Più Grande. Nella Comunità Più Grande, le risorse biologiche come il sangue, il plasma, il DNA, il midollo osseo, la pelle e gli organi del corpo possono essere utilizzati per le loro sostanze chimiche. Da queste sono ricavate medicine. Da queste, sono allevate nuove forme di vita. Queste sostanze sono merci preziose in alcune parti della Comunità Più Grande.

Se quelli che vengono catturati e non restituiti sopravvivono, saranno utilizzati per altri scopi. Se l'Intromissione dovesse ottenere il controllo completo del vostro mondo, molte persone che sono considerate indesiderabili, o che non si adattano ai modelli sociali stabiliti attraverso l'Intromissione, saranno usate come risorse biologiche in questo modo.

Forse questo è scioccante, ma potete capirlo, perché questo è il modo in cui trattate i vostri animali come risorsa biologica da usare per il cibo, per i vestiti, per le medicine, per il carburante. Nella Comunità Più Grande, le risorse biologiche sono molto preziose perché possono essere usate e modificate per una varietà di scopi, come abbiamo detto, per scopi medicinali, per scopi di supporto vitale e per l'allevamento e la generazione di nuove specie.

Questo è il motivo per cui molti dei vostri animali vengono presi. Non vengono presi semplicemente per fornire prodotti sanguigni per il programma di ibridazione. Vengono presi perché questi stessi prodotti sanguigni sono di grande valore e possono essere scambiati con grande successo.

Nelle società tecnologiche come i Collettivi, le risorse biologiche sono estremamente preziose e difficili da trovare nella Comunità Più Grande. Come abbiamo detto più volte, il vostro mondo è visto come un magazzino biologico. Così, mentre i visitatori vogliono le risorse minerarie del vostro mondo, vogliono anche cose che sono molto più elementari per i bisogni della vita. Hanno bisogno di acqua. Hanno bisogno di ossigeno. Hanno bisogno di sangue. Hanno bisogno dei fattori di resistenza del sangue. Hanno bisogno di plasma. Hanno bisogno degli elementi biologici che costituiscono la vita e che sono fondamentali per la vita ovunque.

Questo significa che hanno bisogno di voi come risorsa biologica. Una cosa è considerare che il vostro mondo sarà usato per servire altre potenze. Ma l'idea che voi sarete usati per servire altre potenze è tutta un'altra cosa e rappresenta un'ulteriore violazione dei vostri diritti fondamentali.

Questo, naturalmente, è completamente nascosto dalla loro agenda pubblica. A coloro che persuadono a diventare i loro aderenti e i loro rappresentanti non verranno mai dette queste cose. Parte del loro programma di pacificazione è assicurarvi che sono

qui per il vostro bene, per la vostra redenzione e per la conservazione del mondo. Ma come abbiamo detto così spesso, questa è
la conservazione del mondo per i loro bisogni. Le piante, gli animali, l'atmosfera respirabile e l'acqua sono tutte risorse da utilizzare e sono preziose di per sé, così come la ricchezza mineraria
che esiste in questo mondo. Ma la parte mancante in tutto questo
è il vostro ruolo come risorsa biologica. Questo è il modo in cui
l'Intromissione vi vede—come una risorsa. Questo, naturalmente, non verrebbe mai rivelato a coloro che vengono pacificati o a
coloro che anche oggi possono ergersi a rappresentanti e apolo-
geti dell'Intromissione. Ma questo è così vero.

Vi chiederete: dove sono finite tutte le persone che sono
scomparse e non sono tornate? Si può chiedere questo. Sono
scappate tutte? Alcuni sono stati davvero vittime della violenza
umana. Alcuni sono effettivamente fuggiti. Ma stiamo parlando
di molte persone in tutto il mondo che sono scomparse, senza
una traccia, senza un indizio. Lo sappiamo studiando le trasmissioni dei vostri governi. Lo sappiamo da quello che ci hanno detto gli Unseen Ones. E lo sappiamo perché questo è evidente nelle
intrusioni dei Collettivi in altri mondi. In qualche modo, misterio-
samente, gli individui cominciano a scomparire nelle prime fasi
di queste intromissioni. E le persone che riconoscono che queste
sparizioni stanno accadendo penseranno che sia dovuto alle normali ma sfortunate circostanze all'interno delle loro culture. Sarà
spiegato in questi termini.

Qui dovete pensare al vostro benessere e a quello della vostra famiglia, dei vostri figli, dei vostri amici e dei vostri conoscen-
ti, senza dubbio. E oltre a questo, dovete considerare il benessere
di tutto il vostro mondo e la sicurezza della vita umana. Come ri-

sorsa, sarete utilizzati, e quando la vostra utilità sarà finita, sarete scartati. È così che si usano le risorse. Alcune vengono conservate. Alcune si consumano. Proprio il modo in cui usate le risorse nella vostra vita quotidiana.

Quello che voi pensate sia l'anima umana, lo spirito dell'umanità, non è valorizzato dall'Intromissione. Questa violazione è così completa e così profonda, e sta già avvenendo in tutte le sue manifestazioni. Esaminate la questione e riflettete da soli. Allora capirete da soli. Vi stiamo dando la prospettiva di guardare dall'esterno verso l'interno. Questo vi dà una visione obiettiva delle circostanze del vostro mondo e delle forze che agiscono su di esso.

Come abbiamo menzionato nella nostra prima serie di discorsi, se l'Intromissione dovesse prendere pieno possesso e un'occupazione completa si stabilisse qui, allora la popolazione umana sarebbe ridotta a una classe lavorativa efficiente. Come si realizzerà questo senza produrre indignazione e rivoluzione tra la popolazione umana? Sarà realizzato attraverso la scomparsa delle persone. Sarà realizzato attraverso l'isolamento di coloro che sono considerati non cooperativi o dissenzienti. Saranno portati via, per non essere più visti. E mentre ci sarà un'apparenza di normalità negli affari umani, dietro le quinte tutto sarà cambiato e sarà gestito da un diverso insieme di poteri.

I Collettivi sperano che questo possa essere realizzato il più a lungo possibile e che non inizi una rivoluzione, perché sarebbe molto costoso per le loro imprese. Anche molto costoso per l'umanità. I visitatori sono qui per fare affari. Voi fate parte degli affari. Le vostre mani. I vostri occhi. I vostri organi riproduttivi. Il vostro sangue. Il vostro plasma. La vostra biochimica. Tutto questo fa parte dei loro affari. Per loro siete come bestiame intelligente—utili, interessanti e importanti dal punto di vista commerciale.

All'inizio tratteranno con deferenza quelli di voi che li incontreranno faccia a faccia, ma non vi daranno alcun potere. Non vi daranno una scelta. Cercheranno solo di convincervi della saggezza dei loro modi e della necessità della loro presenza nel mondo. E se rifiutate o se resistete, vi renderanno la vita difficile, o vi scarteranno per poi usarvi successivamente.

Alcuni di quelli che non sono tornati nel mondo, a quanto ci risulta, erano quelli che hanno combattuto contro di loro e di conseguenza sono stati eliminati. Come facciamo a sapere queste cose? Le sappiamo perché capiamo i Collettivi. Capiamo il loro commercio legale e capiamo il loro commercio illegale. Vogliono usare ogni parte del mondo. E vogliono usare ogni parte di voi. Proprio come voi vorreste usare ogni parte della mucca o della pecora o di qualsiasi altro animale che allevate per i vostri scopi.

Come facciamo a sapere che stanno facendo queste cose nel mondo? Lo sappiamo perché stiamo monitorando le loro comunicazioni. Altrimenti, non potremmo osservare completamente le loro attività e capire la natura del loro coinvolgimento qui. È notevolmente simile al loro coinvolgimento in altri mondi emergenti. Ciò che non possiamo vedere, gli Unseen Ones ce lo hanno rivelato.

Sappiamo dalle loro trasmissioni, dalle loro comunicazioni con le loro basi nel mondo e i loro satelliti oltre il mondo, che molti dei loro "esemplari", come si riferiscono a voi, sono morti o hanno dovuto essere usati per altre ragioni. Tuttavia, sappiamo dalle loro trasmissioni terrestri che molte persone stanno scomparendo. Quindi non è difficile per noi vedere il collegamento.

Nel loro tentativo di allevare una nuova leadership per l'umanità, una persona ibridata, hanno bisogno di tutte queste risorse biologiche che stiamo descrivendo.

Quello di cui stiamo parlando qui è la parte più nascosta e segreta della loro agenda, la parte che non vi riveleranno mai volentieri, la parte che non potrete mai vedere senza una grande assistenza. Questa è la più segreta delle loro attività. Vendono prodotti biologici su quello che chiamereste un "mercato nero" dell'universo. Ma il valore di questi prodotti e la loro domanda è davvero notevole.

Nella maggior parte dei luoghi in cui il commercio è stato stabilito, come nelle vostre vicinanze, tale commercio è illegale, perché è considerato moralmente ed eticamente riprovevole. Ma con così tante società tecnologiche esistenti nell'universo e con risorse biologiche come quelle del vostro mondo così rare, la domanda per questi elementi fondamentali è notevole.

Molte nazioni tecnologicamente avanzate hanno depauperato le risorse biologiche del loro mondo al punto che devono trovarle altrove, e devono scambiarle e barattarle come una delle loro principali attività. Non si tratta semplicemente di prodotti alimentari, minerali e metalli ed elementi come questi. È anche la necessità di prodotti biologici come quelli che abbiamo descritto, che sono abbondanti nel vostro mondo e che sono abbondanti nella famiglia umana.

Così, quando qualcuno chiede: "Cosa vogliono?". La risposta appropriata è: "Vogliono il vostro mondo e le sue risorse. E vogliono voi e le vostre risorse". Come abbiamo detto, questo è il più nascosto dei loro programmi. Ma è necessario che lo sappiate perché questo rende completa la violazione.

I visitatori non "odiano" l'umanità. Non sono crudeli e assassini nel senso che potreste pensare. Semplicemente vi vedono come una risorsa, come voi vedete i vostri animali come una risorsa. Per loro, anche se avete intelligenza, vi considerano irrimediabilmente caotici e indisciplinati, e non capiscono le vostre motivazioni più profonde. Vedono la vostra tecnologia in una fase piuttosto adolescenziale e guardano i vostri comportamenti distruttivi con preoccupazione, ansia e repulsione. Essendo senza Conoscenza, il fondamento spirituale, non vedono che ciò che stanno perpetrando sul vostro mondo è eticamente o moralmente riprovevole. È semplicemente un'opportunità per soddisfare le loro necessità pratiche.

Come abbiamo detto, cercano di portare l'umanità nella loro Collettività, ma questa è solo una parte molto selezionata della vostra popolazione. E qui non sareste ai livelli superiori della loro gerarchia. Per tutte le altre persone del mondo, cosa succederà loro se l'Intromissione sarà completa, se l'occupazione potrà essere stabilita completamente?

Siamo stati riluttanti a dirvi certe cose perché non vogliamo perdere la vostra attenzione. Non vogliamo che vi giriate dall'altra parte in negazione, pensando che non potete affrontare questi argomenti. Così abbiamo cercato di essere estremamente attenti nel modo in cui abbiamo presentato la situazione. Ma nonostante questo, ci sono alcune cose che dovete sapere e che non potete vedere facilmente dal vostro punto di vista. Abbiamo dovuto conoscere queste realtà da soli, anche se abbiamo avuto un'assistenza come quella che vi stiamo fornendo. Ma la natura riprovevole dei Collettivi e la loro mancanza di moralità ed etica è qualcosa che abbiamo dovuto affrontare. Ecco perchè evitiamo i Collettivi nei nostri mondi, dove non possono penetrare.

Ci sono molte nazioni nell'universo che hanno creato alleanze per proteggersi dai Collettivi come questi, in particolare nelle zone ben abitate della galassia. Questo è il motivo per cui molte delle attività dei Collettivi sono governate da sindacati e da poteri e autorità di governo regionali. Sono tenuti sotto controllo da molte altre forze che non vogliono cadere sotto la loro persuasione o il loro controllo. Anche molti dei loro partner commerciali li guardano con ansia. Anche se sono costretti a impegnarsi nel commercio con i Collettivi, devono proteggersi dall'influenza dei Collettivi.

Le risorse sono preziose nell'universo: risorse minerarie, risorse idriche, risorse biologiche, risorse alimentari. Le grandi società tecnologiche come i Collettivi hanno un enorme bisogno di risorse per il loro mantenimento. Il loro commercio si basa sull'acquisizione di tutte queste cose e sull'esplorazione di nuove fonti. Questo, naturalmente, li rende principalmente interessati a mondi emergenti come il vostro, che stanno emergendo all'interno di regioni dove hanno influenza e potere.

Considerate le nostre parole. Ora vi diremo cosa dovete fare.

Richiamo all'azione

La nostra missione è stata quella di osservare l'Intromissione aliena nel mondo di oggi e fornirvi i nostri commenti e la nostra prospettiva. È un compito difficile e un messaggio difficile. Comprendiamo i problemi che le persone possono avere nel ricevere questa comunicazione. Possono mettere in dubbio il nostro metodo di comunicazione. Possono mettere in dubbio, certamente, la nostra realtà e identità, e l'affidabilità delle nostre parole. Possono mettere in dubbio la realtà che presentiamo. Forse la tentazione di negare queste cose sarà grande per alcune persone.

Ma ciò che vi permetterà veramente di ascoltare le nostre parole e di conoscere la loro autenticità sarà la vostra capacità di rispondere con il sapere più profondo dentro di voi. Durante i nostri discorsi, abbiamo fatto riferimento alla realtà della Conoscenza, l'Intelligenza Spirituale che vive dentro di voi. Abbiamo parlato della sua importanza centrale nella vostra preparazione per la Comunità Più Grande. Ne abbiamo parlato come il vero potere che vi permette di vedere oltre tutti gli inganni e le manipolazioni dell'Intromissione. Ne abbiamo parlato come il potere inerente che i Collettivi non usano e non riconoscono—La Conoscenza. Questa Conoscenza non è come un potere militare. Non è qualcosa che si può usare per ottenere cose con la forza o per sopraffare o dominare gli altri. È la più grande Intelligenza Spirituale che condividete con il Creatore.

L'umanità ha una grande sfida davanti a sé e sta affrontando un grande rischio nel suo emergere nella Comunità Più Grande. Pertanto, è necessario trovare la forza che vi permetterà di unire i vostri popoli e di prendere il vostro posto nella Comunità Più Grande come una razza libera e autodeterminata. Questa forza deve venire dall'interno delle persone e deve essere rafforzata dalle più grandi forze del bene che esistono sia nel vostro mondo che nella Comunità Più Grande.

Ci saranno forse persone che rifiuteranno le nostre parole e i nostri consigli e rifiuteranno del tutto ciò che stiamo presentando. Potrebbero avere le loro preferenze in materia. Potrebbero avere la loro paura e il loro senso di inadeguatezza. Forse sono già caduti in preda alle persuasioni dell'Intromissione e non vogliono considerare che possono essere in errore. Forse hanno solo troppa paura di affrontare questa grande sfida. Forse vogliono fuggire nelle loro preoccupazioni personali. Ma ciò che è veramente richiesto qui è il potere e la presenza di questa Intelligenza Spirituale che chiamiamo Conoscenza, che è la fonte della vostra vera coscienza. Quello che forse non capite è che questa è la fonte stessa e il legame di tutta la spiritualità nell'universo. Le espressioni di spiritualità e i rituali di spiritualità, i grandi Maestri ed emissari di spiritualità sono troppo numerosi da contare nell'universo. Le filosofie e le metodologie sono uniche per le culture e le loro storie. Ma al centro c'è questo potere misterioso e profondo che permette di vedere, conoscere e agire in armonia con il Creatore di tutta la vita.

Sicuramente la nostra presenza e le nostre parole possono essere rifiutate e negate. Ma con La Conoscenza, questo non sarà il caso. Perché siamo certi di presentare la verità al meglio delle nostre capacità. I vostri alleati oltre confine ci hanno mandato qui per una missione al servizio dell'umanità. L'integrità della nostra missione e della nostra presentazione è reale e genuina. Non è solo una questione di prospettiva o di percezione.

Dobbiamo fare affidamento su questo Potere Spirituale dentro di te, il lettore e il destinatario del nostro messaggio. Perché in effetti, stiamo rivelando più di quanto le nostre parole possano trasmettere. Stiamo rivelando un'intera realtà della vita nell'universo. Stiamo aprendo la porta ai grandi misteri che l'umanità non ha ancora penetrato, e in alcuni casi non ha nemmeno considerato.

Anche se siamo molto diversi da voi e anche se pratichiamo la nostra spiritualità in modi che sono unici per noi e che voi non potreste realmente accogliere, ciò che sottolineiamo è assolutamente fondamentale per il vostro essere, per la vostra natura e per la vostra realtà.

La Conoscenza non è semplicemente un grande potenziale che vive dentro di voi. È l'elemento più vitale che può assicurare la vostra libertà e mantenerla, sia ora che in futuro. C'è la libertà di vivere secondo la tua coscienza, e poi c'è la libertà di trovare La Conoscenza dentro di te. Se non avete la prima libertà, sarà molto più difficile trovare la seconda. Prima dovete sopravvivere e rimanere liberi, e poi avrete l'opportunità di accedere all'Intelligenza Spirituale superiore che vive dentro di voi. Trovare questa libertà e questa Conoscenza vi dà una visione della realtà e del significato della vita nell'universo. Questo vi dà una grande speranza, e dobbiamo sottolineare ciò che vi dà questa grande speranza—La Conoscenza, la libertà, la forza. Queste sono le cose che dovete coltivare ora.

In futuro, le differenze tra voi come esseri umani diventeranno sempre meno significative. Due cose le metteranno in ombra. La prima saranno le forze della Comunità Più Grande, che metteranno in discussione il vostro diritto essenziale di stare al mondo come razza libera. Questo mette tutti sulla stessa barca. La seconda sarà la realtà della Conoscenza dentro di voi, che cercherà di unirvi agli altri per darvi questa Conoscenza, questa libertà e questa forza. La scoperta di questa Conoscenza non è solo un'opzione e non è solo l'obiettivo di individui eccezionali. Rappresenta l'essenza della vostra lotta per la libertà.

La Conoscenza ve lo rivelerà e confermerà le nostre parole. Al di là delle vostre preferenze e credenze, questo è certamente vero. Abbiamo fiducia qui, perché è qui che poniamo la nostra fede—la bontà essenziale e il potenziale di saggezza che risiedono nella famiglia umana. Altrimenti, il nostro grande tentativo di suonare un allarme e di portare la consapevolezza di una Comunità Più Grande nel mondo fallirà. Non avrà effetto qui. Questo fallimento ha gravi conseguenze, perché l'umanità non comprende ancora la sua situazione, né capisce su cosa deve contare per avere successo. Il Creatore vuole che l'umanità sia una razza libera nell'universo, ma dipende da voi. Dipende da ciò che scegliete di credere, da ciò che scegliete di fare e da ciò che scegliete di sottolineare.

L'Intromissione è molto segreta e molto clandestina. Solo coloro che sono stati direttamente colpiti da essa o che sono stati contattati direttamente sono consapevoli della sua presenza, e sono soggetti a notevole persuasione e manipolazione, come abbiamo descritto. Pertanto, chi è in grado di sapere veramente per conto proprio? Noi forniamo una prospettiva che non potreste avere altrimenti. Forniamo una visione di realtà importanti sulla vita nella Comunità Più Grande a cui non avete accesso. E diamo testimonianza a quelli di voi che hanno cominciato a sentire queste cose già dentro il proprio sé. Il nostro messaggio serve come una conferma di queste intuizioni più profonde. Ma la domanda rimane, siete in grado di sapere ciò che sapete, siete in grado di seguire ciò che sapete e siete in grado di rispondere da questa parte più profonda di voi stessi e condividerlo con altre persone?

Presto dovremo lasciare le vicinanze del vostro mondo, perché quando è stata rivelata la prima serie di discorsi, l'Intromissione si è accorta della nostra presenza qui e ha iniziato una ricerca approfondita e determinata per trovarci. Dobbiamo fuggire prima che questo accada, anche qui la nostra fuga porta con sé grandi pericoli per noi. La nostra partenza non passerà inosservata. Ci sarà un tentativo di seguirci e di trovarci ovunque andremo. Non possiamo tornare sui nostri mondi d'origine perché questo li porterebbe a scoprirci. Dobbiamo cercare di nasconderci a una distanza maggiore. Da quella posizione, non saremo in grado di assistere alle attività in corso dell'Intromissione.

Pertanto, in queste due serie di briefing, dobbiamo fornirvi tutto ciò di cui avrete bisogno per procedere da soli. Tuttavia la nostra assistenza come osservatori sta per finire. Anche mentre vi presentiamo queste parole, siamo pronti a partire. Pertanto, comunichiamo in grande fretta con un senso di urgenza. Eppure dobbiamo chiederci: chi può davvero ascoltarci e prendere a cuore ciò che stiamo dicendo? E chi agirà sulla base di queste parole con la propria convinzione interiore? Non siamo qui per guidarvi o per essere leader dell'umanità. L'umanità deve avere i propri leader. Ma chi si assumerà questo manto di responsabilità? Chi avrà la convinzione interiore? Chi è abbastanza forte con La Conoscenza per vedere, conoscere e sentire la realtà di ciò che stiamo presentando al punto da poter agire e cominciare a parlare contro l'Intromissione?

Non possiamo rispondere a queste domande. Solo voi potete rispondere. Possiamo fornirvi scorci della vita nell'universo e una comprensione essenziale della natura e delle attività dell'Intromissione e di coloro che stanno intervenendo qui. Tuttavia non possiamo rispondere a tutte le domande, infatti non sono le risposte la cosa di cui avete bisogno quanto la convinzione interiore di vedere, sapere e agire. Il nostro più grande desiderio è riuscire a stimolare questo in un numero sufficiente di persone affinché sorga un movimento per contrastare l'Intromissione e per dimostrare il dissenso dell'umanità nei confronti dei suoi ospiti non invitati. Questo sarebbe un inizio benefico. Ma è solo l'inizio, perché ci deve essere una consapevolezza della realtà della Comunità Più Grande. E ci deve essere una comprensione sobria e profonda di ciò che l'umanità deve fare per assicurare la sua libertà e il suo benessere in questa arena più grande e molto più complessa di vita intelligente.

È stato nostro desiderio non gettare uno spettro oscuro o spaventoso della vita nell'universo, perché in effetti ci sono molte creazioni meravigliose e stupende, e ci sono molte società che hanno raggiunto stati molto elevati di consapevolezza. Tuttavia, queste rimangono ancora una minoranza delle manifestazioni di vita intelligente in tutta questa galassia, per quanto ne sappiamo, e abbiamo incontrato molti altri che hanno visto cose che noi non abbiamo mai visto.

Affinché l'umanità possa entrare in questo nuovo panorama di vita, dovete avere un orientamento su ciò che esiste lì, su cosa aspettarvi e su come dovete operare e comportarvi. Nessuno al mondo è preparato a darvi questo consiglio, perché come si può sapere? Ci vogliono i vostri alleati, gli Alleati dell'Umanità, per fornire questa prospettiva e questo orientamento. Altrimenti, vi sentireste soli e talmente vulnerabili che potreste perdervi d'animo e capitolare alla persuasione di coloro che cercano di ottenere il controllo di voi e del vostro mondo.

Vorremmo ora dire qualcosa sull'individuo che sta ricevendo questa comunicazione. Marshall Vian Summers non è semplicemente un uomo che è stato scelto involontariamente per un grande compito. È stato mandato nel mondo per questo scopo. È un uomo che è stato mandato con una missione divina, per aiutare a preparare l'umanità ai suoi incontri con la Comunità Più Grande e per rappresentare l'Insegnamento della Comunità Più Grande nel mondo, un insegnamento nella Via della Conoscenza della Comunità Più Grande.

Molti anni fa, ci fu un tentativo da parte nostra di raggiungerlo direttamente. Fu chiamato in un luogo presso una zona montagnosa e fu preparato per il suo contatto con noi. Diversi membri del nostro gruppo fecero il pericoloso viaggio in questo mondo, ma purtroppo la loro missione non fu mai completata. Una volta scoperti dall'Intromissione, dovettero distruggere se stessi e la loro imbarcazione, senza lasciare alcuna prova della nostra presenza nel mondo. Questo segnò un grande fallimento, e la perdita di quattro individui molto preziosi. Ora siamo rimasti solo in cinque, e ci troviamo di nuovo di fronte a un grande pericolo.

La preparazione del nostro contatto con questo individuo è stata lunga e con molti ritardi. Prima di tutto, è dovuto diventare il destinatario dell'Insegnamento della Comunità Più Grande. È dovuto diventare il suo primo studente. Poi ha dovuto prendere una posizione dalla quale potesse rappresentare questa nuova soglia di comprensione per l'umanità. Alcune persone furono chiamate ad assisterlo, ma non tutte furono in grado di farlo. Molti di questi ritardi, che erano in gran parte fuori dal suo controllo, hanno ritardato la nostra presentazione. Ecco perché siamo in ritardo nel darvi i nostri discorsi e i nostri briefing.

È stata una sfida molto grande per questo individuo ricevere e accettare una tale responsabilità. Non l'ha chiesta. Eppure è nato con lei. Con tutti i ritardi, la possibilità di successo è diventata una preoccupazione maggiore per noi. Ecco perché in questo momento dobbiamo parlare con grande enfasi. Dobbiamo anche ripetere il nostro messaggio essenziale per essere sicuri che venga ascoltato e compreso.

Ogni mese e ogni anno ora sono preziosi. Ogni mese e ogni anno che l'umanità rimane impreparata per la Comunità Più Grande, la situazione diventa più difficile e più grave. Abbiamo dovuto cambiare due volte la nostra posizione qui nel vostro sistema solare. Non possiamo dirvi di più, perché non vogliamo dare prove della nostra presenza ai vostri avversari.

Nelle nostre storie, per quelli di noi che sono rimasti, è stato altrettanto difficile presentare un messaggio molto simile alle nostre culture. Siamo stati accolti con incredulità, ridicolizzazione, shock. L'idea che i nostri mondi potessero subire intromissioni di forze che non ci erano amiche era qualcosa a cui le nostre razze erano totalmente impreparate. Vivendo in uno stato di isolamento credevamo, come voi, di essere privilegiati e di avere le grazie dei poteri divini. Potevamo solo supporre che le visite iniziali, che si svolgevano così segretamente come nel vostro mondo, erano per un beneficio maggiore. Questa era la nostra supposizione. È stato solo quando un gruppo come il nostro si è incontrato con alcuni individui nei nostri rispettivi mondi e li ha consigliati al fine di dare un avvertimento e una consapevolezza, che una vera preparazione ha potuto iniziare.

Nondimeno dobbiamo rimanere enfatici nella nostra assicurazione che c'è ancora tempo per l'umanità per scalzare e fermare l'Intromissione. Tuttavia, affinché ciò accada, questo individuo deve essere riconosciuto e assistito. Dovete prendere voi la parola in rappresentanza di questo messaggio che stiamo dando, e dovete assistere lui nel parlare in rappresentanza di esso. Ha pochissimo sostegno nel mondo. Ci sono grandi ostacoli. L'Intromissione è consapevole di lui e anche in questo momento sta cercando di ostacolarlo.

Questo messaggio che vi trasmettiamo è stato affidato a questo individuo affinché ve lo consegni in una forma pura, la più pura che si possa ottenere. Abbiamo fiducia che sia stato in grado di farlo. Gli è stato dato anche L'Insegnamento della Comunità Più Grande, che è l'unica preparazione al mondo per preparare le persone in una Via di Conoscenza della Comunità Più Grande.

Siamo molto onorati di poter presentare queste informazioni. Ci rammarichiamo dei molti ritardi che ci hanno impedito di darla prima. Stiamo lavorando contro forze potenti, e dobbiamo aspettare la disponibilità di coloro che possono riceverci e che possono piantare i semi che presentiamo qui in questi Briefing.

Abbiamo impartito ciò che riteniamo essenziale per il vostro benessere e la vostra sopravvivenza. Abbiamo lasciato fuori molte altre cose che forse trovereste molto affascinanti, ma che non sono centrali per i vostri bisogni. Ci siamo preoccupati molto di non offuscare la questione essenziale con dettagli non essenziali. Sono proprio i troppi dettagli che fanno semplicemente sembrare la nostra comunicazione più inesplicabile.

Parliamo a nome dei vostri alleati, che sono numerosi e rappresentano molte razze. Tutti e nove siamo venuti da mondi diversi, eppure condividiamo la stessa missione perché siamo forti della Conoscenza. Vogliamo per l'umanità quello che vogliamo per noi stessi, cioè l'autosufficienza, la creatività, la libertà dalle intrusioni e la vita senza conflitti e guerre. Il diritto di essere nella vita per raggiungere uno scopo superiore e rispondere a una chiamata superiore che il Creatore ha fornito a tutti come potenziale—questo è ciò che cerchiamo di affermare per noi stessi e per la famiglia umana. Tuttavia, come è vero nel vostro mondo, ci sono potenti forze e persuasioni che ostacolano questa scoperta e realizzazione. Così lavoriamo dietro le quinte per difendere la libertà e La Conoscenza in tutti gli esseri senzienti, anche nei Collettivi, anche negli imperi che sono aggressivi e distruttivi, anche negli individui che sono senza scrupoli e subdoli.

Siamo a conoscenza di molte razze nell'universo che dimostrano La Conoscenza e la mancanza di Conoscenza. Avrete l'opportunità di conoscere queste cose in futuro, se ora riuscirete a mettere al sicuro la vostra libertà. L'umanità è solo all'inizio delle

sue più grandi realizzazioni. Eppure la sua attuale sconsideratez-
za, i suoi conflitti tribali e il suo degrado ambientale minacciano
la possibilità che voi abbiate una chance di raggiungere uno stato
di vita migliore per il vostro popolo.

L'Intromissione appare ora come una rude intrusione in una
situazione già difficile. Ma come spesso accade, le grandi dimostrazioni della natura si rivelano redentrici se possono essere riconosciute e utilizzate di conseguenza e in modo appropriato.
Ciò che sembra oscurare l'umanità è l'unica cosa che può unire
l'umanità e porre fine ai conflitti tribali. Ogni persona nel mondo
deve conoscere la Comunità Più Grande e la verità sull'Intromissione nel mondo. Devono conoscere l'Intromissione prima che
essa compia la sua occupazione. Ogni progresso in questo senso
è una benedizione. Qualsiasi fallimento in questo senso danneg-
gia tutta la vita nel vostro mondo.

Sebbene a un individuo sia stato dato il compito e il privilegio di portare il nostro messaggio nel mondo e di ricevere l'Insegnamento della Comunità Più Grande, toccherà a molte, molte persone in molte culture condividere questa comprensione e
questa preparazione e tradurla in molte lingue diverse nel vostro
mondo. Il bisogno di libertà e il desiderio di libertà sono universali. Essenzialmente il nostro messaggio e La Via della Conoscenza
riguardano la libertà—la libertà di vivere liberamente nel vostro
mondo senza essere legati a un'altra razza e senza intrusioni o
interventi di un'altra razza, e la libertà di trovare La Conoscenza
e di realizzarvi nel vostro grande viaggio qui nella vita fisica. Tutto riguarda la libertà.

Quando i leader religiosi del mondo e i leader politici del
mondo riconoscono di avere un interesse comune fondamentale

e una missione comune per difendere la famiglia umana, allora potranno mettere in campo tutte le loro risorse in questo senso. Questo farà passare in secondo piano i loro disaccordi e le loro ostilità reciproche.

La domanda allora per voi è, siete liberi di conoscere queste cose di cui stiamo parlando? Siete liberi di rispondere? Siete liberi di parlare contro l'Intromissione? L'insegnamento della libertà inizia proprio ora. Questo è il primo passo.

Non è il momento dell'ambivalenza o della condiscendenza. Non è il momento di proiettare semplicemente le proprie lamentele e la propria sfiducia sul mondo. Nella misura in cui l'umanità è divisa e ignara della vita oltre i suoi confini, è vulnerabile e senza una vera sicurezza. La vostra opposizione reciproca è fuori luogo. La verità è che non avete alcuna difesa contro l'esterno.

Se riuscirete a difendere il vostro diritto di essere la razza preminente in questo mondo e vivere con libertà e coltivare la libertà all'interno della famiglia umana e delle società umane, allora avrete l'opportunità di incontrare e conoscere i vostri alleati. Quella sarà una grande rivelazione e un grande ritorno a casa per voi. Nel frattempo, c'è un grande lavoro da fare e tutti hanno la possibilità di fare questo grande lavoro.

I

Commentari

dei Maestri

su

Gli Alleati

dell'Umanità

◆

CHI SONO I MAESTRI?

Così come avete degli alleati nel mondo e nella Comunità Più Grande, avete anche alleati al di là della portata visiva della vita. Loro sono qua per costituire una parte della vostra istruzione di Conoscenza. Non più nello stato fisico, loro adesso servono coloro che stanno ritrovando la propria memoria della loro Antica Casa e con essa stanno ritrovando la natura e la direzione del proprio scopo superiore nella vita.

◆

SPIRITUALITÀ DELLA COMUNITÀ PIÙ GRANDE:

Una Nuova Rivelazione

Il problema del diniego umano

Molte persone, quando leggeranno i Briefing degli Alleati dell'Umanità, si spaventeranno. Leggeranno pensando che sia reale e genuino, il che è vero, e si spaventeranno e vorranno ritirarsi. Vorranno negarlo in qualche modo.

In un certo senso, il materiale degli Alleati dell'Umanità rivela le vostre debolezze. Fa appello alla vostra forza. Fa appello alla vostra saggezza intrinseca. Fa appello alla Conoscenza, la Mente Spirituale dentro di voi, ma rivela anche le vostre debolezze. Rivela la vostra vulnerabilità. Rivela la vostra mancanza di controllo sulla vostra coscienza. Rivela i vostri confini non difesi verso lo spazio. Rivela le vostre supposizioni, le vostre preoccupazioni, e in generale la vostra ignoranza della vita nell'universo.

Qui è importante chiedersi se l'umanità incontrerà mai la vita intelligente al di là del suo mondo. Poi se lo farà, quando accadrà, come risponderà l'umanità? Come farà l'umanità a sapere se i suoi nuovi visitatori sono amichevoli o no? Come farà l'umanità a discernere le motivazioni dei visitatori e la loro coscienza? Come farà l'umanità a discernere la loro organizzazione, i loro metodi e così via?

Se considerate seriamente queste domande, vi renderete conto che avete ben poche risposte. E senza risposte, forse avrete paura. Sentirete la vostra vulnerabilità, e sentirete quanto le persone siano davvero impreparate a un incontro come questo.

Poiché la maggior parte delle persone pensa ancora di essere sola nell'universo, di essere sempre stata sola e che lo sarà sempre, beh, questa importante serie di domande non viene considerata da molte persone. Anche quelli che la considerano spesso pensano molto romanticamente alla vita nell'universo, a ciò che porterà all'umanità e a quanto l'umanità guadagnerà da questo incontro. Pensano a quanto saranno interessati i visitatori all'arte e alla cultura, alla storia e al temperamento dell'umanità.

Così, anche tra le pochissime persone che considerano veramente queste domande e pensano che siano importanti, c'è spesso una grande quantità di speculazioni romantiche. Le persone hanno paura di essere realistiche riguardo alla vita nell'universo perché ciò rivela le loro debolezze. Quando parliamo di debolezze, non stiamo parlando della vostra mancanza di tecnologia. In realtà, quello di cui parliamo è la vostra mancanza di consapevolezza, la vostra mancanza di concentrazione nella vita, la vostra mancanza di coesione sociale nelle vostre nazioni e culture. L'umanità è divisa e litigiosa al suo interno. Questo vi rende vulnerabili alle forze esterne. Ma in realtà la vostra vulnerabilità va anche oltre, perché ha a che fare con il vostro stato d'animo. Ha a che fare con la vostra visione di voi stessi e del vostro mondo.

Ha a che fare con le vostre supposizioni, le vostre illusioni e le vostre preoccupazioni.

È come se una grande tempesta si stesse formando e fosse in procinto di formarsi da un po' di tempo, ma la gente non ci facesse caso. Poi quando la tempesta colpisce, beh, colpisce con una tale furia. Colpisce con un tale impatto. Le persone sono completamente colte di sorpresa e sono indignate e terrorizzate. Eppure i segni erano lì.

Anche la scienza umana comincia ora a riconoscere la preponderanza della vita nell'universo come una probabilità teorica. Eppure chi si preoccupa di ciò che potrebbero significare i vostri primi grandi incontri?

Mentre vengono presentati i Briefing degli Alleati, ci sarà ogni tipo di negazione, critica e ripudio. Perché? Perché tanto rifiuto per un incontro che tutti considerano davvero possibile? Eppure, quando verrà effettivamente considerato, si vedrà una grande quantità di diniego. "Oltraggioso! Ridicolo! Non può accadere!". Sentirete gli scienziati dire: "Beh, non è possibile che un'altra razza arrivi qui, date le limitazioni di viaggio e velocità e così via". Che presunzione! Gli esseri umani osano presumere ciò che altre nazioni e culture sono state in grado di sviluppare in un lungo periodo di tempo? L'universo è limitato dalla comprensione umana? Non è possibile che altre razze possano aver superato di gran lunga la realizzazione umana nella tecnologia?

Si potrebbe dire: "Beh, certo!". Ma di fronte alla prospettiva di un incontro reale, la gente canta una melodia molto diversa. Il loro idealismo li abbandona. Il loro romanticismo viene messo in dubbio. La loro gloriosa attesa è oscurata dalla preoccupazione e dall'ansia.

Così, quando il messaggio degli Alleati dell'Umanità viene presentato, le persone cominciano a sentire il vero nucleo della loro paura, la loro mancanza di preparazione, la debolezza della loro posizione. Gli Alleati presentano una visione molto realistica della vita nell'universo. Non sono qui per rispondere a ogni domanda che potreste avere, ma piuttosto per darvi una consapevolezza di ciò che sta realmente accadendo nel mondo oggi e anche per dissipare molte delle fantasiose speculazioni che circondano la prospettiva che l'umanità incontri altre forme di vita intelligente. Anche l'aspettativa fantasiosa, l'aspettativa speranzosa, in realtà ha la paura al suo centro perché siete incerti, perché non sapete, perché siete impreparati, perché vi rendete conto in un momento di onesto riconoscimento di quanto siate davvero vulnerabili, vivendo sulla superficie del vostro mondo, esposti all'universo e senza difese.

Pensate per un momento se foste un'altra razza in visita nel vostro mondo e voleste semplicemente osservare il comportamento umano. Semplicemente osservarlo, senza interferire. Potreste osservare tutto. È tutto lì. L'attività umana, i coinvolgimenti umani, i conflitti umani, le relazioni umane, la tecnologia umana, la comunicazione umana—è tutto a disposizione dell'osservatore discreto.

Perciò è molto importante capire perché la gente ha paura. La paura della realtà del contatto è profondamente radicata. Molte persone hanno questa visione molto glorificata dove si vedono sul pinnacolo della creazione di Dio, dove le loro religioni sono costruite sulla preminenza della spiritualità umana e dell'identità umana. Cosa succederà quando scopriranno che l'umanità è una piccola razza che si evolve all'interno di una Comunità Più

Grande di vita intelligente? E che questa razza è in realtà molto debole, divisa e insignificante nella vastità della Creazione!

Le opinioni religiose della gente non possono tollerare questo tipo di presa di coscienza. Molti di questi punti di vista sono già stati erosi dalle scoperte della scienza che mostrano che l'universo non gira intorno a questo mondo, che questo mondo è solo un piccolo pianeta che gira intorno a una stella insignificante in una galassia vasta tra tante. Dov'è allora la preminenza umana? Chi siete voi nell'universo? Siete davvero importanti per qualcuno o qualcosa?

Facciamo queste domande per portarvi nel cuore della vostra ansia, perché dovete affrontare questo dentro di voi. L'incapacità o la mancanza di volontà di fare questo è davvero la fonte di tutta l'ignoranza e la presunzione umana riguardo al posto dell'umanità nell'universo e riguardo alla realtà dell'Intromissione extraterrestre che sta avvenendo nel mondo oggi.

La gente dice: "Beh, non c'è nessuna Intromissione che sta accadendo qui. Che ridicolo! È tutta la fantasia di certe persone e il loro bisogno di attenzione o la loro noia o qualcosa del genere". Cosa sentite veramente qui se non una scusa? Questo è il modo in cui ci si pacifica dall'esperienza dell'ansia reale.

Se poteste considerare questo razionalmente e obiettivamente, direste: "Beh, certo che saremmo stati visitati a un certo punto! Voglio dire, se c'è vita intelligente nell'universo, qualcuno là fuori deve sapere che noi esistiamo qui". E se non siete limitati dai limiti della scienza dell'umanità, questo apre la porta a molte altre possibilità.

Se potete fare queste domande, potreste pensare: "Sì, certo che l'umanità sarà incontrata. Sì, le nostre risorse saranno esaminate. Sì, il nostro mondo sarà valutato. Sì, ci sono altre potenze nell'universo che forse vorrebbero che il nostro mondo facesse parte della loro organizzazione. E sì, vorrebbero approfittare di questo bel posto in qualche modo pratico".

Vedete, queste osservazioni sono così ovvie. Queste speculazioni, se si possono chiamare tali, sono così ragionevoli, ma la gente non le considera. Non le affrontano a causa della loro ansia, a causa della loro paura. Infatti, la realtà della vita nell'universo, l'incontro con la vita nell'universo e l'Intromissione stessa rappresentano insieme la realtà più negata nel mondo di oggi. La gente penserà: "Non è importante. Ho il mio lavoro. Ho la mia famiglia. Ho, sapete, i miei problemi quotidiani. Voglio dire, perché dovrebbe essere importante per me?". Di cosa state parlando? Se c'è un'Intromissione in corso nel mondo, pensate che non sia rilevante per voi e per la vostra vita e per quello che vi succederà?

Vedete qui? Questo è il "pensiero isolazionista". I Briefing degli Alleati portano a casa la realtà del fatto che l'isolamento dell'umanità è finito! Ma il pensiero isolazionista continua, senza sosta. A meno che non abbiate un incontro diretto con le forze della Comunità Più Grande e la vostra vita viene disturbata o sconvolta in qualche modo, beh, continuerete a pensare nel modo in cui avete sempre pensato, vivendo sui presupposti su cui avete sempre vissuto, ignari delle realtà più grandi che stanno modellando la vostra vita e il vostro destino. E come può Dio raggiungervi per dirvi di diventare attenti e consapevoli, per rendervi sensibili a queste realtà più grandi che stanno cambiando la vostra vita e il vostro destino?

La gente ama l'idea di un Dio là fuori che getta loro un salvagente quando stanno annegando, ma l'idea che Dio interferisca nella loro vita e mostri loro qualcosa che non vogliono proprio vedere, beh, questa è davvero una prova di fede, no? Questo è esattamente ciò che sta accadendo oggi. Questo è il motivo per cui l'insegnamento della Spiritualità della Comunità Più Grande è nel mondo, perché questo è il messaggio di Dio per avvertire l'umanità di questa realtà più grande e per prepararla. La consapevolezza non è sufficiente. Se la consapevolezza genera ansia e paura primaria, la gente non saprà cosa fare. Diranno: "Oh, mio Dio! Cosa facciamo?" e non sanno cosa fare perché non hanno mai dovuto rispondere direttamente a questo prima. Ecco perché il messaggio di Dio porta con sé la preparazione affinché le persone possano cominciare a pensare come se vivessero in una Comunità Più Grande. Allora possono cominciare a diventare consapevoli che ci sono realtà della Comunità Più Grande là fuori che stanno per avere un impatto diretto su di loro, sulle loro vite e sul loro mondo.

La preparazione deve darvi questa maggiore consapevolezza e coscienza, questa sensibilità. Altrimenti, siete come una colonia di formiche in un campo che sta per essere arato. E la povera colonia di formiche non ha la minima idea di ciò che sta per accadere. Fino al momento della loro distruzione, beh, la vita sarà come è sempre stata.

Ma voi non siete formiche e avete una coscienza. Potete considerare il futuro, e potete pensare a cose che sono al di là della vostra portata visiva. Potete anche considerare che vivete all'interno di un'arena di vita più grande, sia all'interno del mondo che oltre il mondo, all'interno di una Comunità Più Grande. Man mano che sviluppate questa consapevolezza della Comunità Più Grande, cominciate a vedere che il vostro mondo è un posto molto speciale, con attributi meravigliosi. Poi potreste pensare: "Beh, certo che gli altri sarebbero interessati al nostro pianeta. Anche interessati a noi, non perché siamo magnifici ma perché siamo gli amministratori di questo posto. Noi controlliamo questo mondo". Allora comincereste a pensare molto, molto obiettivamente alla vostra situazione qui.

Tuttavia, anche le persone che affermano di essere obiettive e scientifiche nella loro prospettiva sono in realtà ancora governate da questa paura e ansia fondamentali e vivono ancora sotto la negazione generale del fatto che il mondo viene visitato e che l'Intromissione sta avvenendo. Sono in un tale stato di negazione che non lo prenderanno nemmeno in considerazione. Non gli si avvicineranno. Le informazioni, le prove, sono dappertutto, ma non ci si avvicinano nemmeno. Diranno solo: "Oh, no, no. Sono tutte sciocchezze. Sono solo persone insicure che cercano di ottenere attenzione".

Sono in fase di diniego. Pensano di essere ragionevoli, ma in realtà sono così irragionevoli. Stanno sostenendo e fortificando la loro ignoranza e l'ignoranza degli altri. Anche se non possono accettare che l'Intromissione stia avvenendo, beh, la prospettiva della vita nell'universo è ancora un viaggio molto meraviglioso e romantico per loro. È come qualcosa che si sogna nei modi più gloriosi. "Oh, incontreremo queste razze avanzate che ci daranno così tanta tecnologia e ci illumineranno su come vivere in pace", e via dicendo. Queste sono tutte sciocchezze! Non hanno la minima idea di quello che sta succedendo là fuori nell'universo.

Se a queste persone ragionevoli viene data una prospettiva della Comunità Più Grande, cosa che l'insegnamento della Spiritualità della Comunità Più Grande fornisce, oh, mio Dio! Tocca quel nucleo di paura e ansia. Sentono in quel momento quanto siano assolutamente vulnerabili, quanto siano indifesi, quanto siano impreparati. Tu guardi le persone, e non ne hanno la minima idea. E non vogliono averne idea. E voi guardate il vostro mondo e dite: "Oh, mio Dio! Potremmo essere sopraffatti senza nemmeno saperlo!".

Se non aveste la preparazione nella Spiritualità della Comunità Più Grande, se non aveste un posto dove andare con questa consapevolezza, potrebbe essere schiacciante perché pensereste di non avere alcun ricorso. È come se l'umanità, come un'ignara tribù nativa, stesse solo aspettando di essere conquistata da qualcun altro.

Poi, naturalmente, c'è il problema del presupposto che la tecnologia equivale alla salvezza. Questo presupposto sta diventando una religione moderna in molte culture del mondo. Le nazioni sviluppate credono sempre più che la tecnologia sia davvero la loro salvezza ora. C'è un problema? Bene, la tecnologia lo risolverà. C'è qualcosa che non possiamo capire? Bene, la tecnologia lo supererà. C'è una situazione che potrebbe verificarsi per la quale siamo impreparati? Bene, la tecnologia affronterà la sfida. "Affronteremo la sfida con la nostra tecnologia nell'undicesima ora". C'è una sorta di convinzione indiscussa che la tecnologia vi salverà, indipendentemente da ciò che potrebbe accadere—la tecnologia mescolata all'ingegno umano, ecco. Non importa quanto sconvolgente possa essere una situazione, beh, l'ingegno più la tecnologia avranno la meglio nei momenti finali.

Riuscite a vedere che tutto questo fa parte della negazione? È un pio desiderio. Per quanto riguarda la Comunità Più Grande, è davvero un pio desiderio. Pensate che l'umanità genererà una risposta tecnologica alla presenza di forze della Comunità Più Grande che potrebbero volere il vostro pianeta per sé? Vi possiamo assicurare che non sarà a livello di tecnologia che potrete contrastare questa presenza e queste influenze. Di fronte a una razza che è forse mille anni avanti a voi tecnologicamente, pensate di colmare la differenza nei prossimi anni?

Considerate questo: La risposta non avverrà a livello della tecnologia. Avverrà a livello della mente e della coscienza. Coloro che stanno intervenendo nel mondo oggi sono molto preoccupati di preservare le risorse del mondo e di preservare la presenza umana qui come forza lavoro. Non possono usare la tecnologia per realizzare questo da soli. Sì, la loro tecnologia è utile per neutralizzare qualcuno che potrebbero voler catturare per esaminarlo. Tuttavia, se esercitano con forza la loro tecnologia sul vostro mondo, distruggeranno le risorse del mondo e la presenza umana qui, e non possono farlo. Pertanto, devono usare proprio i mezzi che voi siete in grado di opporre.

Eppure qui ci imbattiamo di nuovo nella paura perché le persone si rendono conto che senza la loro tecnologia, senza la speranza e la convinzione che la tecnologia avrà la meglio e senza che l'intelletto umano sia in grado di risolvere il problema, sono di nuovo in questo luogo molto vulnerabile. Ma qui non stiamo parlando dell'intelletto. Non è a livello dell'intelletto che l'umanità sarà in grado di opporsi a questa presenza e di rafforzarsi nella Comunità Più Grande. L'intelletto gioca un ruolo molto importante per quanto riguarda la tecnologia e certi tipi di risoluzione dei problemi. Ma in questa situazione, ci vorrà una consapevolezza più profonda.

Dopo tutto, alcune delle vostre persone intellettualmente più brillanti sono in totale diniego dell'Intromissione e pensano che la vita nell'universo sia una possibilità lontana. E voi vi chiedete: "Beh, se sono così brillanti e così ben informati, perché non riescono a sentire questa presenza nel mondo di oggi? Perché non possono nemmeno affrontarla come una possibilità e studiarne le prove, invece di liquidarla a priori? Se le persone sono così intelligenti, come possono essere così stupide?". L'ignoranza è una cosa. L'ignoranza può essere compensata acquisendo informazioni e prospettive. Ma questa non è solo ignoranza. Questa è arroganza. È la presunzione di sapere cosa sia la vita nell'universo. Oh, mio Dio! L'umanità sa cos'è la vita nell'universo? Oh, mio Dio! L'umanità è così lontana dal sapere cosa sia la vita nell'universo, è patetico!

Data l'infondata fiducia nella tecnologia come fonte della salvezza umana, molte persone pensano, beh, più tecnologia è più salvezza. Pensano pure che le razze tecnologicamente avanzate si siano evolute oltre l'essere egoiste, conflittuali e subdole. Pensano che le razze tecnologicamente avanzate non abbiano conflitti e che queste razze abbiano superato i problemi cronici che l'umanità deve ancora affrontare. Che supposizione ridicola! Oggi avete una tecnologia che i vostri antenati cento anni fa non potevano nemmeno immaginare. Eppure li avete superati voi questi problemi?

Pertanto, non rivolgetevi agli esperti affinché vi diano la risposta. Dovete trovare la risposta da soli, perché gli esperti potrebbero non sapere e non voler sapere. Ricordatevi che sono esseri umani proprio come voi e hanno le loro soglie di paura e di ansia che forse non sono disposti ad affrontare.

In un certo senso, l'Intromissione è la cosa più impegnativa che potrebbe accadere all'umanità. Parte della responsabilità o della debolezza dell'umanità qui è la sua presunzione di capire davvero la vita, di sapere davvero cosa sta succedendo nell'universo, di capire chi può viaggiare, chi non può viaggiare e quanto tempo ci vuole per raggiungere i pianeti. Presume che la comprensione umana stabilisca lo standard per tutta la comprensione dell'universo. Questa è l'arroganza umana, che sostiene e fortifica l'ignoranza umana.

È presentato nell'Insegnamento di Spiritualità della Comunità Più Grande, ed è presentato molto audacemente nel messaggio de Gli Alleati dell'Umanità, che la vita nell'universo è impegnativa, difficile e competitiva. E se vi avvicinate alla vita nell'universo in modo romantico o se la negate del tutto, lo fate con grande rischio.

Ciò che deve realmente accadere qui è una transizione completamente nuova nella consapevolezza umana e nell'apprendimento umano. È come se aveste raggiunto questa grande soglia e ci deve essere un paradigma di comprensione completamente nuovo. Non si tratta semplicemente di costruire sulla comprensione passata, aggiungendo un'altra caratteristica o un'altra dimensione alla consapevolezza umana. Qui davvero dovete fare una specie di salto. Questo perché la comprensione umana è ancora così radicata in una visione antropocentrica dell'universo, con l'umanità al centro di tutto e la convinzione indiscussa che la vita nell'universo funzioni secondo i valori e gli ideali umani.

Per molte persone, c'è ancora questa idea che Dio si occupi principalmente dell'umanità come centro della Creazione e che tutto il resto sia solo una sorta di carta da parati per questo gran-

de dramma umano. Guardate le vostre religioni. Sono davvero at-
trezzate per affrontare le realtà della Comunità Più Grande? Lasciate che vi dia questa analogia: Ci sono tribù native che sono
state conquistate e culture che sono state assimilate e distrutte in
innumerevoli posti nel vostro mondo negli ultimi 500 anni. Sta
accadendo ancora oggi. Hanno le loro religioni, che possono essere molto espansive. Ma le loro religioni di solito non includono
la realtà della vita umana oltre i loro confini, il che li mette in una
posizione molto vulnerabile perché non sanno davvero come reagire di fronte a un'Intromissione.

Rispetto alla Comunità Più Grande, l'avamposto dell'umanità in questo mondo è come un piccolo villaggio nella giungla.
Quando questo villaggio si trova di fronte a forze che vengono in
cerca di benefici, cosa può fare? Beh, è interessante notare che
può fare molto. La prima cosa è prendere coscienza dell'Intromissione e affrontare la propria paura e ansia. Qui è necessario vedere quanto siete mal preparati, quanto siete vulnerabili e quanto
facilmente anche voi potreste essere persuasi a pensare e a credere che i visitatori siano qui per il vostro beneficio. Questa è la
prima soglia, una soglia che purtroppo molte persone non supe-
reranno. Si ritireranno o andranno in negazione o getteranno una
prospettiva molto di parte su tutta la questione. La prima soglia
è riconoscere la vostra situazione. Anche se l'Intromissione non
fosse in corso in questo momento, voi lo sapete che prima o poi
avrebbe luogo.

Vedete, è interessante. Le persone hanno le loro grandiose
nozioni di vita intelligente nell'universo e di tecnologia avanzata
e di altre razze di esseri altruisti che fluttuano là fuori. Eppure la
cosa di cui la gente ha più paura è incontrare altri come loro, ma

più potenti. Qual è la cosa di cui la gente ha veramente paura riguardo alla prospettiva di incontrare vita intelligente dall'altro mondo? Hanno paura di incontrare se stessi. In una forma diversa, forse. Forse i visitatori avranno un aspetto diverso e useranno un linguaggio diverso e un diverso mezzo di comunicazione. Ma la cosa di cui la gente ha veramente paura, la cosa di cui nessuno può nemmeno parlare, specialmente nei circoli illuminati, è la realtà del fatto che incontreranno se stessi.

Questo non significa che i vostri visitatori siano esseri umani o che la vita intelligente funzioni secondo gli ideali e le credenze umane. Quello che vi diciamo veramente qui, e con cui dovete fare i conti, è che incontrerete degli esseri che sono spinti dagli stessi bisogni che spingono voi.

La Comunità Più Grande di vita in cui vivete è un ambiente molto competitivo. Potete vedere questa competizione nel vostro mondo. Potete vederla nel mondo naturale. Potete vederla a livello delle piante e degli animali. Eppure la Comunità Più Grande è un ambiente competitivo su una scala che non potete nemmeno comprendere. Questo significa che chiunque si trovi in quell'ambiente, in particolare coloro che partecipano attivamente agli scambi e al commercio, devono trovare risorse e stringere alleanze con altre nazioni, e spesso cercare di convincere quelle nazioni a stringere alleanze con loro.

Il bisogno di risorse non finisce grazie alla tecnologia. La tecnologia non pone fine ai bisogni fondamentali della vita. Non lo ha fatto per voi e non lo ha fatto per nessuno nell'universo. Sì, ti libera da certe attività fondamentali, ma crea più complessità. Potresti non aver bisogno di uscire a cacciare e pescare per il tuo cibo, o coltivare, ma devi andare a lavorare. Devi mantenere una vita molto più complicata per permetterti il cibo che ti serve per mangiare. La tecnologia vi ha liberato dalla caccia e dalla raccolta e vi ha liberato dall'agricoltura di base, ma non vi ha liberato dal bisogno di risorse. Anzi, ha reso la vostra vita più complicata e più eccitante, ma in altri modi, più difficile e più stressante.

È lo stesso per la vita nell'universo. Tutti devono mangiare. Ognuno deve mantenere ciò che ha creato. Ognuno deve fare i conti con altre forme di vita intelligente che possono essere in lizza o in competizione per le risorse di base. Pensate che una nazione avanzata nell'universo non abbia un grande bisogno di risorse?

Più grandi possono diventare le nazioni o le organizzazioni, più restrittive saranno per quanto riguarda la libertà personale dei loro costituenti, e più grande sarà il bisogno di ordine e conformità. Ecco perché nell'universo le nazioni veramente libere sono piccole e isolate. La loro tecnologia ha dato loro dei vantaggi, ma devono proteggerla e tenerla nascosta.

Sarebbe come se ricevi un milione di dollari e vai sul mercato con il tuo milione di dollari. Beh, che brusco shock. Ora tutti sono tuoi amici. Ora tutti vogliono invitarti a investire nella loro impresa, nel loro progetto, o hanno bisogno del tuo aiuto finanziario perché sono in difficoltà. Se l'umanità fosse mai in grado di viaggiare oltre i suoi confini e portare il suo grande stimolo e la sua impresa nell'universo, sarebbe come la piccola casalinga che ha un milione di dollari e si lancia sul mercato. Non durerebbe molto a lungo.

Vedete, questa realtà della vita, che è così negata, è qualcosa che deve essere affrontata. Chi incontrerete nell'universo? Incontrerete altri come voi. Non esattamente come voi. Non che assomigliano a voi, che parlano come voi o che si vestono come voi. Ma sono come voi nei loro bisogni. E coloro che sono esploratori di risorse nell'universo non sono quelli illuminati spiritualmente.

Perciò, è necessario contrastare molti dei presupposti e delle credenze prevalenti, delle fantasie e dei miti, perché altrimenti non si può affrontare la situazione. E se non potete affrontare la situazione, essa vi schiaccerà. La gente prega Dio per una guida, per la forza, per il coraggio e per la pace, e Dio manda la Spiritualità della Comunità Più Grande come preparazione. E la gente dice: "Cos'è questo? Non ho chiesto questo! Cosa me ne faccio di questo? Non è rilevante!". Voi non sapete cosa sia rilevante. Quello che pensate sia rilevante può essere importante per voi personalmente, ma non proteggerà i vostri diritti e le vostre libertà in futuro.

L'incontro dell'umanità con la vita intelligente nell'universo non è il prodotto dei viaggi umani nello spazio, della scienza umana o della filosofia umana, oppure della religione umana. È il risultato dell'Intromissione. È il risultato di altre razze venute qui per preservare il mondo per se stesse, credendo che l'umanità distruggerà il mondo nei suoi conflitti, che l'umanità rovinerà le preziose risorse del mondo.

Pensate a questo. Ecco come reagirebbe la gente. Se, diciamo, le nazioni sviluppate nel mondo trovassero qualche piccola tribù nei recessi della giungla che fosse seduta su tonnellate di oro o altri tipi di minerali, o avesse vaste foreste piene di legni preziosi, pensate che le nazioni avanzate non interverrebbero, specialmente se sentissero che queste risorse stanno andando sprecate? E se i nativi tagliassero tutti gli alberi perché gli piace la luce del sole o perché vogliono coltivare il loro cibo? Beh, le nazioni del mondo sarebbero lì a fare tutto il possibile per ottenere le risorse, legalmente o illegalmente. Questo è ciò che farebbero le nazioni umane. Pensate che se ne starebbero seduti e lascerebbero che i nativi depredassero o trascurassero ciò che hanno? Certo che no. Beh, se un territorio non ha valore per le nazioni potenti, certo, dategli la loro riserva. Ma se sono seduti su 100 milioni di dollari in oro, quella non sarebbe una riserva.

Il vostro mondo è visto così dai vostri visitatori e da altri nell'universo che vedono questo prezioso piccolo mondo e questa razza di esseri relativamente distruttivi distruggere le sue risorse naturali e violare le sue leggi naturali. Pensate che questo non produrrebbe un'Intromissione? Alcuni pensano: "Beh, certo, verrebbero a chiedere il permesso di stare qui e le nostre nazioni, i nostri governi troverebbero un accordo". Oh, mio Dio! State scherzando? Quello che succederebbe invece è che quelle razze che intervengono stabilirebbero un piano di intromissione e di integrazione perché vogliono preservare la forza lavoro umana. Non possono vivere nel vostro mondo. Vi faranno fare tutto il lavoro. Fallo estrarre agli indigeni l'oro. Proprio come è successo nel vostro mondo. Pensate che sia necessario il permesso dei nativi? Beh, forse troveranno un modo per indurvi a dare il vostro permesso, ma otterranno ciò che vogliono. Nella vostra situazione nel mondo di oggi, i vostri visitatori otterranno ciò che vogliono a meno che voi non li fermiate. E il modo in cui li fermerete non è semplicemente usando la tecnologia. È con l'intelligenza, l'astuzia, e con la cooperazione nella famiglia umana.

Il primo passo per opporsi all'Intromissione è la consapevolezza, ma la consapevolezza è davvero una grande soglia a causa della paura, dell'ansia e dell'idealismo fallito della gente. Siete in grado di affrontare la vostra paura? Siete in grado di affrontare la vostra vulnerabilità? Siete in grado di affrontare il fatto che forse vi siete sbagliati davvero nella vostra valutazione della situazione, se ci avete pensato? La gente potrebbe dire: "Bene, ok, otteniamo la consapevolezza. Ora qual è la prossima cosa?". Ah! Non vedono che la consapevolezza è davvero grande!

Il passo successivo è che dovete creare una prospettiva di Comunità Più Grande nel modo in cui guardate voi stessi e nel modo in cui guardate il vostro mondo. Pensate che l'umanità distruggerebbe le risorse del mondo se potesse riconoscere che preservare e sostenere queste risorse è la cosa stessa che preserverà la libertà umana nel futuro? Se l'umanità perde la sua capacità di sostenersi e diventa dipendente da potenze straniere non solo per la tecnologia avanzata ma anche per le risorse di base, voi perderete la vostra libertà.

Forse potreste dire: "Oh, non ci credo. Non perderemmo la nostra libertà". Ma se ci pensate obiettivamente, vedrete che perderete la vostra libertà. Sia apertamente che sottilmente, diventereste dipendenti da altre razze nell'universo, e loro determinerebbero i termini dell'impegno. Controllerebbero il vostro mondo. Tuttavia, poiché non vogliono creare una rivoluzione umana, tenteranno di controllare il vostro mondo in modo tale che sia accettabile per la gente essere controllata. Questo è il motivo per cui l'Intromissione che sta avvenendo oggi è così subdola e viene condotta con tanta attenzione nel tempo. Se venissero qui in massa, tutti semplicemente reagirebbero e ci sarebbe un'enorme guerra e le risorse del mondo sarebbero gravemente danneggiate. Non ci sarebbe forza lavoro umana qui che sarebbe disposta o in grado di aiutare le razze intervenienti, e l'intero progetto sarebbe rovinato.

Dovete acquisire una prospettiva della Comunità Più Grande. Sei un essere umano che vive in questo mondo. Questo mondo non è protetto. Ha valore. È ricercato da altri. L'intromissione di altre razze aumenterà nel tempo. Come difenderete i vostri confini? Come sarete in grado di determinare chi sono, perché sono qui e cosa stanno facendo? Questo non può essere privilegio di gruppi segreti e governi segreti.

L'umanità deve crescere e superare le sue preoccupazioni infantili. Deve superare le sue fantasie adolescenziali su se stessa e sulla vita e diventare realistica. Altrimenti, l'intromissione continuerà e il vostro mondo diventerà gradualmente governato da potenze straniere. Allora dove andrete con le vostre lamentele, la vostra protesta e la vostra indignazione? È per questa ragione che acquisire la consapevolezza e la prospettiva della Comunità Più Grande è fondamentale, perché senza di esse non potete nemmeno fare il passo successivo.

Il terzo passo è conoscere l'ambiente mentale. L'ambiente mentale è l'arena di influenza. La gente ne sa molto poco, ma è molto importante nelle interazioni della Comunità Più Grande, in particolare tra razze o organizzazioni che competono tra loro. Devono passare molto tempo a cercare di discernere cosa farà l'altro e cercare di influenzarlo in modi sottili. Questo non avviene attraverso la tecnologia quanto attraverso la coscienza, attraverso la consapevolezza, attraverso la proiezione del pensiero e attraverso attività astute. I competitori generalmente condividono la stessa tecnologia, quindi la tecnologia non è il vantaggio. Il vantaggio è l'astuzia e la persuasione. Non potete ancora vedere questo perché state ancora pensando come se viveste isolati e l'universo fosse governato da principi umani. Non volete pensare a questo perché vi rendete conto che non avete queste capacità. E questo vi fa sentire spaventati e vulnerabili. Quindi il terzo passo nella preparazione è sviluppare abilità nell'ambiente mentale. Potete effettivamente imparare a farlo, ma dovete avere la consapevolezza e dovete avere una prospettiva della Comunità Più Grande per iniziare.

La quarta cosa che deve essere veramente sviluppata da sempre è La Conoscenza. Cos'è La Conoscenza? Quando parliamo di Conoscenza, non stiamo parlando di prospettive o di un corpus di informazioni o dati. Stiamo parlando della capacità di conoscere, oltre l'inganno, oltre le apparenze, oltre le preferenze personali, oltre la paura e oltre la negazione. La capacità di sapere. L'Intromissione va avanti attivamente da quasi 50 anni. E le persone che affermano di studiare il fenomeno UFO, beh, sanno già qualcosa o stanno ancora raccogliendo dati? "Beh, non vogliamo arrivare a conclusioni premature. Sapete, è così complicato e potremmo non capirlo mai!". Di che cosa stai parlando? È una negazione? È la riluttanza a giungere a una conclusione? O è che la gente semplicemente non sa? Non riescono a vedere e sentire cos'è veramente? Dopo 50 anni, non riescono a vedere e sentire cosa sia veramente? Hanno bisogno di altre prove? Oh, mio Dio! Quante altre prove? Altri 50 anni di prove? Cento anni di prove? Altri 50 anni di prove, e poi sarà tutto finito. E la conclusione a cui si arriverà sarà così ovvia.

È come la persona che, in un matrimonio da 30 anni, non avrebbe mai dovuto sposarsi e ci mette 30 anni per capire che in realtà ha fatto un errore da qualche parte, e che avrebbe dovuto seguire i suoi sentimenti più profondi e non andare all'altare con quella persona. Ma da 30 anni cerca di sistemare le cose.

Senza Conoscenza, saprete solo quello che gli altri vogliono che sappiate. Penserete solo quello che gli altri vogliono che pensiate—che siano i vostri genitori, la vostra cultura, il vostro gruppo sociale, il vostro governo o la Comunità Più Grande. Sarete fondamentalmente come il bestiame e sarete condotti in giro, da pascolo a pascolo. Senza La Conoscenza, l'ambiente mentale vi travolge e vi sommerge. La Conoscenza è la Mente Spirituale più profonda dentro di voi. È l'unica parte di voi che non è influenzata dall'ambiente mentale. È l'unica parte di voi che è libera dall'inganno e dalla manipolazione.

Volete la libertà per voi stessi? Allora dovete imparare La Via della Conoscenza. Altrimenti, cos'è la libertà? Avere più soldi? Lavorare meno e avere più soldi? È questa la libertà? Guardate i ricchi che non hanno libertà. Oh, hanno molti soldi e possono andare dove vogliono. Alcuni di loro non devono nemmeno lavorare. Sono liberi? O sono schiavi del loro denaro, della loro situazione e dei loro privilegi, dei loro appetiti e delle loro paure?

Il messaggio dei Briefing degli Alleati dell'Umanità riguarda la libertà. E per avere la libertà, dovete diventare consapevoli dell'Intromissione. Dovete acquisire una prospettiva della Comunità Più Grande. Dovete imparare a conoscere l'ambiente mentale e il suo impatto su di voi. E dovete sviluppare la vostra esperienza di Conoscenza. Non c'è molta tecnologia qui, anche se la tecnologia può giocare un piccolo ruolo in tutto questo.

Quando parliamo di imparare La Via della Conoscenza, non stiamo parlando solo di sviluppare l'intuizione. Questo non è adeguato. Dovete effettivamente connettervi con la Mente Conoscente dentro di voi, e questo non è un compito facile. Ci saranno molti che non vorranno o non potranno farlo. Ma non tutti devono farlo affinché l'umanità possa invertire il corso delle cose, per sviluppare una consapevolezza della Comunità Più Grande e per iniziare a costruire confini intorno al vostro mondo.

La forza non può essere usata per prendere il controllo di un pianeta come il vostro. Pertanto, l'Intromissione deve essere subdola. Deve essere ingannevole. Deve essere invasiva. Non può usare la forza bruta. Questo è un bene per voi perché non potreste resistere alla forza bruta. E la forza bruta distruggerebbe il risultato per i visitatori, se potete chiamarli visitatori. Ci sono molte ragioni per cui non la useranno.

Il Creatore ha risposto a questo grande bisogno dell'umanità, un bisogno che è appena riconosciuto come tale, presentando l'insegnamento della Spiritualità della Comunità Più Grande. Questo insegnamento comprende la realtà della vita nella Comunità Più Grande. Un tale insegnamento non è mai stato dato nel mondo prima d'ora perché non era necessario prima. Sì, ci sono molti insegnamenti spirituali che enfatizzano in una certa misura La Via della Conoscenza. Ma una via della Conoscenza della Comunità Più Grande non è mai stata data nel mondo prima. Ora però ne avete bisogno. Non sostituirà le religioni del mondo, ma darà loro una maggiore portata, una maggiore prospettiva e un maggiore contesto in cui continuare a crescere, esistere ed evolvere.

Eppure è curioso che i leader religiosi del mondo saranno forse i più resistenti all'apprendimento di una Spiritualità della Comunità Più Grande. Per preservare le loro tradizioni, la loro autorità e il loro potere, forse negheranno proprio ciò che darà alla loro tradizione un futuro nella Comunità Più Grande. Perché senza libertà umana, non c'è futuro. Senza autodeterminazione umana, non c'è futuro. E senza la comprensione della Comunità Più Grande, non c'è futuro per nessuno qui, non un futuro che voi possiate comunque accogliere.

Dovete vedere la rilevanza di questo per voi stessi. Tutto quello che volete dalla vita, tutto quello che volete essere, fare e avere, l'Intromissione potrebbe portarvi via tutto. Avete intenzione di perseguire senza cervello i vostri obiettivi personali e al diavolo tutto il resto, dicendo che non ha importanza?

Anche se l'Intromissione non avvenisse, il degrado delle vostre risorse naturali e la crescente popolazione del mondo cambierebbero comunque ciò che è disponibile per voi. Alcune persone dicono: "Beh, vado solo a prendere quello che voglio e non mi preoccupo di nient'altro". Quando le persone pensano così, sono come le locuste. Gettate sulla terra, consumano tutto ciò che è in vista. Lasceranno una terra desolata e andranno avanti fino a quando non ci sarà più nessun posto dove andare avanti, poi si estingueranno tutti. È questa la promessa per il progresso umano? Essere come i parassiti che distruggono il luogo che li ospita e quando muore l'ospite, muoiono tutti anche loro?

Ora, la maggior parte delle persone direbbe: "Certo che no! Assolutamente no!". Ma se il loro comportamento è egoista, allora questa è un'analogia appropriata. È interessante notare che coloro che stanno intervenendo nel vostro mondo vedono l'umanità come una sorta di forza distruttiva nel mondo che sta per distruggere questo posto favoloso. Il loro atteggiamento è: "Entreremo e li fermeremo. E se non sanno usare il loro mondo correttamente e preservarlo, beh, lo salveremo per noi. Possono lavorare per noi". Questo è esattamente il loro modo di pensare. Questa è la loro prospettiva. Questo è come pensereste voi se foste al loro posto. Anche con tutto il grande idealismo dell'umanità, anche voi pensereste così. "Non lasceremo che distruggano questo posto! Se loro non possono trarne beneficio, lo faremo noi!". Questo è esattamente il modo in cui reagirebbe un governo umano. Forse è così che voi personalmente reagireste.

Coloro che intervengono non sono malvagi. Semplicemente vedono la situazione da una certa prospettiva. Non sono guidati dalla Conoscenza o dalla spiritualità, altrimenti non interverrebbero qui.

Ci sono persone nel mondo che vogliono l'Intromissione perché pensano che le razze aliene qui salveranno in qualche modo l'umanità da se stessa. Credono nella medesima prospettiva delle razze aliene stesse. A volte arrivano a questa conclusione per conto proprio. A volte questo pensiero viene incoraggiato dall'Intromissione. Eppure il risultato è lo stesso—la perdita di libertà e autodeterminazione umana, cosa che sarà molto completa. Se pensate a questo, vi renderete conto che questo è il peggiore scenario possibile per voi.

Questo è il motivo per cui il Creatore sta fornendo la preparazione per la Comunità Più Grande. Questo è il motivo per cui deve essere imparato e preso a cuore. Questo è il motivo per cui la consapevolezza deve essere acquisita. Le persone devono affrontare la loro paura e ansia e rendersi conto della situazione in cui si trovano. Devono acquisire una nuova comprensione della loro posizione nell'universo e del loro ruolo e responsabilità come popoli nativi e amministratori di questo mondo. Devono esercitare il potere che hanno individualmente e collettivamente per preservare le loro terre native.

La vostra comprensione spirituale deve cambiare affinché possiate realizzare ciò che Dio ha dato all'umanità per preservare il progresso della libertà, della comprensione e della cooperazione umana. Nell'universo, queste cose devono essere difese. Dovete riconoscere che dovete superare le vostre fantasie e i vostri ideali, persino le vostre richieste e aspettative, per vedere chiaramente la situazione. Il Creatore ha chiesto agli alleati dell'umanità di essere osservatori, di fornire commenti e di presentare il loro messaggio in modo che l'umanità possa iniziare ad acquisire una prospettiva di Comunità Più Grande.

Dio ha dato un insegnamento sull'ambiente mentale e sulla Conoscenza. Imparare La Via della Conoscenza è un viaggio spirituale individuale per ogni persona. La Conoscenza è la più grande intelligenza che vive dentro di voi. Essa sa come trattare con la Comunità Più Grande. La Conoscenza non è governata da credenze umane, supposizioni, preoccupazioni, inganni, ideali o ambizioni. È pura. È la parte sacra di voi. Essa sa. La vostra mente pensa. La Conoscenza sa. L'abisso tra loro sembra grande, ma possono essere unite. E questo è il fine ultimo del vostro sviluppo spirituale. Questo dono della Spiritualità della Comunità Più Grande ha lo scopo di dare alla libertà umana un fondamento reale, di dare potere all'individuo, di dare potere al gruppo, di dare potere all'umanità che sta perdendo potere ogni giorno a favore di coloro che stanno intervenendo nel mondo.

Speriamo che questo discorso faccia chiarezza, ma in realtà è solo il primo passo. Non pensate di poter leggere questo discorso o di leggere i Briefing degli Alleati dell'Umanità e dire: "Bene, ora capisco. So cosa fare". Non sapete ancora cosa fare. Ma forse state cominciando ad acquisire una comprensione. Se questo suscita profondamente qualcosa in voi, allora La Conoscenza dentro di voi si sta attivando. Ma c'è ancora molto da imparare.

L'incontro dell'umanità con le realtà della vita oltre questo mondo è una nuova soglia, forse la più grande soglia che l'umanità abbia mai affrontato. L'apprendimento dovrà essere rapido. Non pensate di sapere o di capire già. Non è così. Potete avere un'idea. Potreste provare una risonanza con questo messaggio. Potete sentire che è importante, ma dovete ancora allenarvi e prepararvi. Non si scala la montagna più alta del mondo perché si amano le montagne. Non si scala la montagna più alta del mondo perché si hanno gli scarponi da trekking. Devi allenarti e prepararti, altrimenti non ce la farai.

Questa è la sfida del vostro tempo. Questa è la grandezza del vostro tempo. È qui che troverete la vostra grandezza. Non troverete mai la vostra grandezza nelle vostre attività individuali, perché lì non c'è grandezza. Troverete la vostra grandezza solo nel rispondere a un bisogno reale nel mondo e alla chiamata che vive in voi anche in questo momento. Questa è la grande situazione che farà emergere la grandezza in voi, se saprete rispondere.

Effetti del Programma di Pacificazione

È facile fare domande. È più difficile trovare le vere risposte. Le persone sono affamate di risposte, ma non hanno ancora una consapevolezza. Quindi, nel considerare il messaggio nei Briefing degli Alleati, le persone devono iniziare a sviluppare una consapevolezza e sensibilità della Comunità Più Grande. Il solo fatto di ottenere risposte alle domande non sviluppa questa consapevolezza o sensibilità. Infatti, anche se avete la risposta giusta, se non sapete sperimentarla, se non sapete riconoscerla, se non sapete vedere la sua applicazione, beh, a cosa serve? La persona che la riceve non ne trae alcun vantaggio.

Quindi, si ritorna sempre alla necessità di sviluppare la consapevolezza, la sensibilità e la capacità di sapere. La gente vuole prove, così va da chi pensa sia l'esperto, e l'esperto dà le sue opinioni, e la gente dice: "Ah! Questa dev'essere la prova perché l'esperto ha detto così". Ma sono tutte opinioni. Senza La Conoscenza, sono tutte solo opinioni nella mente. E queste opinioni sono sviluppate dal condizionamento delle persone, dai loro atteggiamenti e dal loro temperamento. Le persone possono sperimentare qualcosa e fare conclusioni e valutazioni ma sbagliare completamente nella loro valutazione.

Tuttavia, qui stiamo parlando di una coscienza superiore. Non stiamo parlando di avere delle risposte. Le risposte, senza questa coscienza superiore, non saranno sufficienti e la loro applicazione non sarà compresa. In definitiva, dovete acquisire questa coscienza superiore. Questa coscienza trascende la cultura umana, il condizionamento umano e persino la vostra identità biologica. È una consapevolezza della vita come si muove intorno a voi e attraverso tutto il resto. Avete bisogno di questa coscienza superiore per capire le piante e gli animali, il tempo e il movimento del mondo. Ne avete bisogno per capire la presenza di forze negative nell'ambiente mentale e la presenza delle Forze Angeliche, che sono qui per servirvi. E certamente dovete avere questa coscienza per essere consapevoli delle forze della Comunità Più Grande nel mondo, per riconoscere le loro manifestazioni, le loro intenzioni e i loro metodi. Avete bisogno di questa consapevolezza superiore per distinguere l'amico dal nemico.

Così, quando la gente fa molte domande, la vera risposta è lo sviluppo della coscienza superiore. Questo vi porta nel mistero, dove forse non siete disposti ad andare, ma è dove dovete andare se volete capire. Questo è il mistero della vostra vita—il mistero di ciò che sapete, il mistero di chi siete, il mistero del perché siete qui e il mistero di quello a cui dovete rispondere. Non siete qui semplicemente per riempire la vostra mente con altre risposte che non possono essere riconosciute o comprese.

Questo, quindi, muove le cose nella giusta direzione. Eppure, naturalmente, ci sono persone che non possono tollerare il mistero e devono avere risposte, pensando che le risposte risolveranno la loro inchiesta. Queste persone costituiranno la maggior parte delle persone che si informeranno sui Briefing degli Alleati e che vi chiederanno informazioni in proposito. Voi, personalmente, non potete rispondere a tutte le domande che ci sono sugli Alleati—chi sono, da dove vengono, come sono arrivati qui, il loro metodo di propulsione, dove si nascondono e come comunicano. Come potete rispondere a tutte queste domande?

Tuttavia, potete essere consapevoli degli Alleati, e avete la capacità di riconoscere la validità del loro messaggio. Avete imparato abbastanza sulla vita e sulla natura per capire il loro punto di vista e ciò che sottolineano, e perché è necessario. Questo è dovuto alla coscienza superiore, non perché avete delle risposte. I Briefing degli Alleati dell'Umanità promuovono le domande. La ragione per cui non rispondono a ogni domanda è perché dovete sviluppare la coscienza superiore. Se dicessero al lettore tutto di sé, la gente direbbe: "Huh, non ci credo! Marshall si sta inventando tutto!". Vedete, senza la coscienza superiore, la gente non riesce a connettere le cose.

Già potete vedere gli effetti del Programma di Pacificazione che viene generato dall'Intromissione. Ci sono già molte persone che sono cadute in preda a questo, sia per le proprie inclinazioni che per l'influenza esterna. Qui la gente è portata a credere che non può veramente giudicare nulla. "Beh, non voglio essere negativo. Sarò aperto a tutto". Chi ha detto loro di essere aperti a questo? "Sarò aperto a qualsiasi cosa accada". Chi ha detto loro di essere aperti a qualsiasi cosa accada? Il discernimento critico delle persone viene distrutto. Così succede qualcosa e dicono: "Beh, sai, non voglio giudicare la situazione". Ma di cosa stai parlando! Dovete valutare ciò che sta accadendo. Queste persone pensano di non poter essere critiche. "Beh, non posso proprio essere critico. Non voglio essere negativo". Bene, può essere necessario parlare e dire che qualcosa non è davvero appropriato. Ma queste persone non riescono a fare nemmeno questo. Le persone che sono state colpite da questo Programma di Pacificazione non riescono nemmeno a prendere una decisione. Non riescono a guardare nulla e dire: "Bene, questa è una buona cosa" o, "Questa non è proprio una buona cosa per me". Così accolgono tutto, pensando che è così che si deve essere con la vita.

Non è così che si deve essere con la vita. È vero che bisogna essere disposti a guardare tutto. Ma non è vero che bisogna accettare tutto, legarsi a tutto, accogliere tutto. Certo che no! Una coscienza superiore non significa che non fate valutazioni critiche. Significa semplicemente che vedete le cose da un punto di vista più alto. Questo non significa che tutto diventa grigio. Significa che tutto diventa chiaro. Vedete chiaramente cosa fare e cosa non fare, cosa è buono e cosa non è buono. Se questo non è il prodotto dello studio spirituale, allora significa che la persona è stata resa incapace.

Se è vero che dovete imparare a non giudicare una situazione in base ai vostri condizionamenti o credenze, in definitiva dovete giudicare una situazione in base alla Conoscenza, l'Intelligenza Spirituale che vive in voi. Questo è l'arbitro finale nel vostro discernimento.

Tuttavia, le persone non lo riconoscono. Fanno il primo passo e pensano che sia l'ultimo. Il primo passo è quello in cui non si giudica. Questo significa che devi imparare a guardare e riconoscere qualcosa, cosa che non puoi fare se la giudichi immediatamente. Questo è il primo passo, ma la gente pensa che sia l'ultimo. L'ultimo passo è molto diverso dal primo. Non si giudica sul momento perché bisogna vedere e conoscere e riconoscere ciò che si sta guardando. Questo è il discernimento. Non si può essere discernenti se si giudicano le cose a priori. Ma al di là di questo discernimento, dovete vedere chiaramente se qualcosa è buono o no.

Così riuscite a riconoscere che l'Intromissione non è veramente buona per l'umanità. Di per sé, l'Intromissione non è una cosa buona! Ma se dite: "Oh, non posso giudicare la situazione", come potrete mai saperlo? Potreste pensare: "Beh, probabilmente è buona a qualche altro livello". Una persona pacificata dirà: "Vedrò come è buono per noi, perché tutto ciò che accade è buono per noi". Questa non è solo ignoranza umana; questo dimostra gli effetti del Programma di Pacificazione, che incoraggia le persone a fidarsi delle cose inconsapevolmente, senza discernimento.

Lo si può vedere ovunque. Lo si può vedere nella comunità UFO. Potete vederlo nelle comunità spirituali. Potete vederlo emergere nelle persone intorno a voi. I Briefing degli Alleati creeranno un po' di scompiglio perché sostengono il discernimento. Dicono: "L'Intromissione non è buona per voi". Eppure molte persone dicono: "Beh, non lo so. Deve essere buona. Voglio dire, non può essere cattiva". Sono disorientati. Non sanno cosa pensare. "Beh, non lo so. Non riesco a prendere alcuna decisione al riguardo". Di cosa stai parlando? Il tuo processo decisionale è diventato disabile? E se sì, chi l'ha disabilitato? Perché alcune persone pensano di dover essere aperte a tutto e ricettive a tutto? Sì, non vogliono essere quelli che giudicano, ma questo è solo il primo passo. Non fanno il passo successivo. Non esercitano il discernimento. In alcuni casi, il loro discernimento è svanito.

Questo è un problema critico. Il risultato di questo Programma di Pacificazione è che le persone non riescono a vedere e non riescono a sapere, e fondamentalmente, anche se sono confuse e forse spaventate, andranno avanti. "Bene, mi accontenterò. Cercherò solo di accettare quello che sta succedendo nella mia vita". Le persone pacificate non riescono a resistere. Non riescono a lottare contro qualcosa perché non pensano che sia giusto farlo. Pensano che tutto debba essere accettato. Da dove viene questo?

Queste idee di accettazione indiscussa sono prevalenti in gran parte dell'insegnamento spirituale che vedete oggi. La gente accetta queste idee con tutto il cuore. Pensano: "Bene, questa è la verità superiore. Seguiamo la verità superiore". Considerate questo alla luce del Programma di Pacificazione e comincerete a vedere quanto sia davvero pervasivo.

Le persone che vengono pacificate saranno indotte a credere che stanno acquisendo una coscienza superiore, quando in realtà tutto il loro potere viene loro sottratto. Il Programma di Pacificazione è basato sulla comprensione della psicologia umana e delle tendenze umane. Qui le persone sono condizionate a pensare che per essere accettabili a Dio, devono fondamentalmente dare via ciò che Dio ha dato loro da usare. "Bene, per essere accettabile a Dio, devo essere mansueto e mite e non devo giudicare e devo essere comprensivo di tutto. Cercherò il bene in ogni cosa".

Da dove viene questo? Tale acquiescenza è puramente un'invenzione umana? È qualcosa che la gente si inventa per essere felice in quel momento? Beh, in alcuni casi, questo è vero. Ma considerate la pacificazione dell'umanità. Come vengono pacificate le persone? Si dice loro quello che vogliono sentire e si dice loro che non hanno bisogno di considerare altro. Dopo tutto, se tutto quello che vi succede è buono, allora perché resistere a qualcosa? Basta abbracciare tutto! Questo è il Programma di Pacificazione al lavoro.

Questa influenza sta diventando onnipresente intorno a voi. La gente accorre nei luoghi dove l'Intromissione sta operando, pensando che "l'energia" lì sia così alta. Dicono: "Questo è un posto così illuminante". Oh, mio Dio! Stanno saltando nel fuoco. Si stanno donando con tutto il cuore. Vanno in questi posti e sentono l'energia lì, e pensano: "Oh, questo è davvero un posto potente. È qui che sta accadendo!". E più a lungo rimangono, meno sanno, e meno pensano di poter tornare alle loro vite precedenti. Diventano sempre più svogliati ed egoisti, e diventano sempre più disfunzionali.

Questo disimpegno produce ansia a un livello più profondo, un livello in cui si sa che la propria vita non sta progredendo e che non si sta andando dove si deve andare. Eppure queste persone penseranno che questo disagio è parte della loro paura, o parte della loro psicologia che deve essere sradicata ed esorcizzata da loro stessi. Così lavoreranno duramente per ignorare gli stessi segni che stanno dicendo loro che la loro vita è sbagliata e che la stanno perdendo.

Diranno: "Tutto è amore. Basta essere amorevoli. C'è solo amore". Se sapessero di cosa stanno parlando, in realtà questo sarebbe vero. Ma pensano che l'amore sia semplicemente passività, felicità e acquiescenza perché questo è il Programma di Pacificazione che lavora su di loro. Ora lo stanno estendendo ad altre persone che stanno diventando loro stessi dei pacificatori. Dopo un po', beh, non sapranno più cosa sanno. E se qualcosa è davvero sbagliato, proveranno disagio, ma penseranno che è solo parte del loro problema psicologico, e cercheranno di trascurarlo, rimuoverlo o seppellirlo. E poi faranno qualsiasi cosa gli venga detto di fare dall'Intromissione. Diranno: "Oh, ho ricevuto un messaggio. Devo andare a fare questo. Sono stato guidato. Questa è una guida interiore per me".

Sarà molto difficile risvegliare le persone da questo. Bisogna prima risvegliare se stessi. Le persone sono così immerse nella loro svogliatezza e nella loro ricerca della felicità che è quasi come se fossero fuori portata. Sono così cullati e condizionati che bisognerebbe sganciare una bomba sulle loro ginocchia per svegliarli!

Si possono vedere gli effetti del Programma di Pacificazione nelle comunità spirituali in molti luoghi. Certamente non per tutte le persone, ma per molti l'acquiescenza appare come la strada facile, la via facile, la via della vera felicità. Rinunciate a sapere qualcosa, rinunciate a valutare qualcosa, rinunciate a resistere a qualcosa, e sembra: "Oh, d'ora in poi tutto è solo felicità. Avanti a gonfie vele!".

Queste brave persone, l'Intromissione semplicemente le cullerà in uno stato di svogliatezza e poi fondamentalmente non saranno un problema, e saranno ricettivi a qualsiasi cosa venga data loro. Il loro sapere naturale sarà così rimosso dalla loro consapevolezza che ora diventerà il nemico. Penseranno che sia paura. Penseranno che sia negatività. E non vorranno farne parte.

Questo sta effettivamente accadendo ora. Stiamo parlando di un caso estremo, ma questi casi estremi stanno crescendo in portata e grandezza. Molte più persone stanno semplicemente cadendo in questo stato, anche i giovani, alcuni dei quali sono particolarmente inclini a questo tipo di condizionamento.

Considera questo. La vera felicità deriva dall'essere fedeli a se stessi, dallo sviluppare la propria integrità e dal vivere onorevolmente con la propria integrità. Le vere relazioni si basano sul condividere la vera integrità con gli altri, costruendo relazioni di integrità, relazioni che esprimono la tua natura più profonda e il tuo scopo nella vita.

Tuttavia, guardate le relazioni di una persona pacificata, che dice: "Beh, stiamo insieme finché è piacevole, finché va bene, e se non stiamo insieme, va bene, e qualsiasi cosa facciamo va bene". Ma non va bene. E loro sanno che non va bene, ma il loro sapere naturale è stato rimosso dalla loro consapevolezza. Di conseguenza, dicono: "Non voglio sentire quelle cose. Disturbano la mia felicità, la mia pace, la mia equanimità". Eppure non c'è pace o equanimità perché non c'è integrità, e poiché non c'è integrità, non c'è una vera relazione.

Vedete qui come il veleno è immerso proprio nel cibo che la gente vuole mangiare? Il cibo spirituale viene avvelenato. Quanti insegnanti spirituali oggi insegnano il vero discernimento? Quanti promuovono una vera integrità personale? Quanti incoraggiano le persone a guardare chiaramente e a vedere? Quanti insegnanti incoraggiano i loro studenti a rispondere al mondo? Ce ne sono davvero alcuni, ma guardatevi intorno e vedrete che il Programma di Pacificazione viene promosso inconsapevolmente.

Quanto è perfetto per l'agenda aliena. Ci vuole tempo, ma dalla loro prospettiva, beh, i risultati ne valgono la pena. L'Intromissione avrà allora una vasta rete di persone compiacenti attraverso cui la loro agenda può fluire. E la gente non saprà mai da dove viene.

In un altro scenario, la situazione diventa più complicata. Qui l'Intromissione comincia a mostrare il suo lato più oscuro. Non tutti possono essere facilmente pacificati. Coloro che non possono essere pacificati dall'Intromissione saranno diretti dall'Intromissione a giudicare coloro che si oppongono. Questo sarà particolarmente vero per le persone che hanno opinioni e pregiudizi religiosi estremi. Queste persone saranno indirizzate a condannare coloro che non condividono le loro opinioni. Infatti, ci sono persone in alcune comunità religiose che riceveranno messaggi che tutti i nemici di Cristo devono essere sradicati se non possono essere salvati e che la Seconda Venuta richiederà la pulizia della famiglia umana.

Ci sono individui oggi che sono indirizzati così, e anche se non rappresentano necessariamente la leadership di queste comunità religiose, la loro enfasi crescerà al crescere della loro frustrazione. Stanno aspettando il grande arrivo di Gesù, e pensano che non stia avvenendo a causa della peccaminosità della famiglia umana, peccaminosità che ora deve essere sradicata e non semplicemente contrastata. E il Gesù che verrà non sarà il vero Gesù, ma sarà il Gesù preparato dall'Intromissione. Questo sarà un falso Gesù che non riusciranno a riconoscere veramente perché non sono sviluppati nella Conoscenza. Questo Gesù non porterà la pace ma una resa dei conti. Questa resa dei conti sarà accolta dai seguaci perché essi stessi sono pieni di rancori e credono che le loro profezie non si stanno realizzando a causa della peccaminosità dell'umanità, e che questa peccaminosità deve ora essere rimossa per portare il Paradiso sulla Terra.

Riuscite a vedere per un momento quanto sarebbe facile per una presenza della Comunità Più Grande qui, l'Intromissione, così abile nell'influenzare l'ambiente mentale e così consapevole delle tendenze e fragilità umane, fornire questo tipo di influenza? Riuscite a vedere come, a causa di questa manipolazione, gli ipocriti potrebbero iniziare a scatenare una guerra contro le persone che non sono d'accordo con loro e contro coloro che vorrebbero preservare La Conoscenza nel mondo? Riuscite a vedere come sarebbe facile che questo si generi?

Anche i veri credenti in Cristo sarebbero presi di mira, perché non condividono queste lamentele, e quindi non sono in conformità con quegli individui che sono diretti dall'Intromissione. I veri credenti in Cristo enfatizzerebbero l'armonia, il riconoscimento e la tolleranza. Ma coloro che sono diretti dall'Intromissione vogliono che la punizione di Dio sia eseguita, e sono disposti a essere i carnefici. Sono disposti a essere il giudice e la giuria per eseguire ciò che credono ora sia la volontà di Dio. Come farà l'Intromissione a sradicare i suoi oppositori? Se dovesse ottenere abbastanza potere, potete vedere come questo può essere fatto.

Dove non si può ottenere la pacificazione, l'Intromissione influenzerà le persone a portare avanti le loro ostilità le une contro le altre. Man mano che il mondo diventa più difficile, che le risorse diminuiscono, che le popolazioni crescono, che la concorrenza aumenta, che le tragedie si verificano più frequentemente, il senso di tolleranza delle persone diminuirà, e le loro lamentele saranno incoraggiate, non solo dall'Intromissione, ma certamente da quelle persone che sono ambiziose e vogliono mettersi in posizioni di potere. Quanto rientra perfettamente tutto questo nell'agenda aliena, che cerca di semplificare e ristrutturare la fedeltà umana. All'Intromissione non importa di quale religione avvalersi, purché possa ottenere questi risultati. Ecco perché un devoto Cristiano, Musulmano, Indù o Buddista deve imparare La Via della Conoscenza. Altrimenti, come potrebbero distinguere la differenza tra un'influenza spirituale e un'influenza della Comunità Più Grande? Ai non perspicaci, beh, tutto sembra provenire da un luogo superiore, dal Cielo. Di chi, allora, ci si può fidare?

L'Intromissione può creare meravigliosi scenari spirituali per attivare gli individui che sono più inclini a essere i loro messaggeri. Non è difficile da fare per l'Intromissione. Semplicemente mettono in scena un dramma e ci mettono qualcuno in mezzo, e questa persona non riesce a capire la differenza. La gente non sa cosa sia una presenza della Comunità Più Grande. Per loro, tutto viene da un'altra parte, non al loro livello, ma da un posto più alto. Così, in uno scenario, un'immagine di Gesù viene proiettata a una persona zelante, e la persona zelante dice: "Gesù è venuto da me". E Gesù dice: "Tu devi raccogliere i miei veri seguaci e devi denunciare tutti gli altri!". E il seguace zelante dice: "Sì, Maestro, sì, Maestro!".

Incredibile? Sì. Impossibile? No. Se l'agenda aliena è quella di creare una fedeltà umana unificata e conforme, deve sradicare gli elementi dissidenti, gli elementi non conformi. Non lo faranno da soli perché allora tutti sapranno che c'è un'Intromissione. Invece, lo faranno fare a degli esseri umani in nome delle convinzioni religiose e dei pregiudizi della gente. E nessuno saprà cosa c'è dietro tutto questo. Alcune persone penseranno che sia Satana o Lucifero, ma non lo sapranno.

L'ignoranza dell'umanità è la sua più grande debolezza. È La Conoscenza dell'umanità che è la sua più grande forza. La Comunità Più Grande, l'universo abitato in cui vivete, è un ambiente molto sofisticato di interazione e influenza. Se gli esseri umani seguono i loro pregiudizi, i loro odi e le loro lamentele e non sanno distinguere tra un'influenza spirituale e una della Comunità Più Grande, allora la Comunità Più Grande è un ambiente estremamente pericoloso. Qualcuno nella Comunità Più Grande finirà per assoggettarvi al loro Collettivo o alla loro causa. Come lo faranno? Semplicemente useranno quello in cui già credete piuttosto che insegnarvi qualcosa di nuovo.

Questo è il motivo per cui imparare La Via della Conoscenza è di vitale importanza, perché vi insegna la realtà della vita e della spiritualità nella Comunità Più Grande. Vi insegna la natura della manipolazione e come salvaguardare voi stessi e gli altri. Vi insegna come riconoscere gli effetti e le manifestazioni del Programma di Pacificazione e cosa potete fare oggi per sviluppare la vostra immunità a queste forze, che sono così influenti sulle altre persone.

Questa è una necessità vitale nel mondo di oggi. Ogni giorno uomini e donne di buona coscienza cadono sotto una persuasione che non riescono a discernere. È un processo graduale. Ma alla fine finiscono per non avere nemmeno un'idea di ciò che sta accadendo nelle loro vite e sono ostili a qualsiasi tipo di correzione.

Quando iniziate a svilupparla voi stessi questa consapevolezza della Comunità Più Grande e a condividere il messaggio degli Alleati con gli altri, vedrete questa resistenza. Vedrete l'incapacità delle persone di rispondere. È come se qualcuno avesse staccato la spina dentro di loro e ora semplicemente non sanno nulla. E se rispondono a qualche livello, possono cercare di tranquillizzarsi. Diranno: "Beh, è solo un punto di vista, e sai, dobbiamo cercare il buono in questa situazione. Dobbiamo davvero abbracciare questa situazione. Se i visitatori sono qui, allora devono essere qui per uno scopo, e noi dobbiamo aprirci a questo scopo. Forse alcuni di loro non sono buoni, ma alcuni lo sono, e dobbiamo amarli per capirli".

Questa è tutta mentalità di pacificazione. Questa è la cosa più facile da fare. Basta arrendersi. E se la felicità è l'obiettivo della vostra vita, cederete. Comprometterete la vostra integrità. Negherete le vostre ansie. Trascurerete i segnali e le bandiere e gli indizi che vi dicono che qualcosa non va bene qui. Potreste dire a voi stessi: "Beh, fa tutto parte del dramma della vita e io sarò al di sopra di tutto".

In tutto il mondo oggi, i saggi si stanno ritirando perché l'Intromissione è qui. Solo pochi sono nella posizione in cui possono essere dei sostenitori. Marshall è una di quelle persone. Tuttavia avrà bisogno di altri che lo aiutino. Il mondo non è stato perso. Ma il rischio che sia perso sta aumentando.

Perciò non ci si può semplicemente ritirare e andare a vivere una vita rurale pastorale da qualche parte, sintonizzando tutto, essendo semplicemente felici ogni giorno, tornando alla natura, portando le brocche d'acqua, piantando il mais, cucinando i pasti e vivendo le stagioni. Questo è finito! Se volete essere consapevoli, autodeterminati e avere la vostra integrità, non c'è modo di scappare ora. Non ci si può imboscare e far finta che questo non stia succedendo.

Non esiste più una terapia costante su se stessi. Alla fine, l'unica vera terapia è diventare reali con ciò che si sa, sostenere ciò che si sa, imparare la saggezza necessaria per portare ciò che si sa e comunicare ciò che si sa in modo compassionevole e potente. A questo deve portare ogni forma di vera terapia. Avete intenzione di tornare indietro e riparare la vostra infanzia? Avete intenzione di trovare l'amore non corrisposto che i vostri genitori non vi hanno dato? Le persone che si concentrano troppo su queste cose diventano disabili. Diventano legati a una sedia a rotelle nelle loro stesse menti. Potrebbero tutti diventare sostenitori della verità, ma invece diventano solo sostenitori della terapia, e non molte delle terapie fatte oggi portano alla verità. Non c'è nessuna fuga. Non c'è appagamento personale a spese di stabilire la propria integrità, conoscere la verità e sostenere la verità.

L'umanità deve diventare unita, altrimenti sarà dominata nella Comunità Più Grande. Questo è così ovvio se ci pensate. Se altre forze oltre il vostro mondo vogliono il vostro pianeta, le sue risorse e la fedeltà umana, beh, se la famiglia umana è divisa, state davvero invitando gli altri a muoversi verso di voi. "Certo, venite! C'è un sacco di spazio per tutti!".

Coloro che resistono all'Intromissione saranno accusati di non essere illuminati e di avere paura. Alcuni saranno accusati di resistere all'Intromissione per proteggere i loro interessi speciali. E ci sono alcune persone che resisteranno all'Intromissione per questi interessi. Tuttavia, c'è chi resisterà all'Intromissione perché è un'Intromissione. Ma con il Programma di Pacificazione, chi è capace di chiamarlo per quello che è? Chi può dire: "Questo è quello che è!" senza incorrere in resistenze e condanne? Questo è un vero problema oggi.

Noi incoraggiamo lo sviluppo del discernimento delle persone, la discrezione e l'applicazione delle loro facoltà critiche. Ciò che incoraggiamo qui non si basa su pregiudizi personali o condizionamenti sociali, ma sulla Conoscenza. La Conoscenza è la parte di voi che sa. È la mente superiore dentro di voi che il Creatore vi ha dato per affrontare le sfide e le opportunità della vostra vita. È la voce della coscienza dentro di voi. Le persone confrontano i loro sistemi di credenze e si giudicano a vicenda, ma non è di questo che stiamo parlando.

Stiamo parlando di salvare l'umanità da una situazione che la renderebbe schiava. Stiamo parlando di preservare la libertà e l'autodeterminazione umana e di incoraggiare l'integrità umana in mezzo alle forze della Comunità Più Grande che stanno intervenendo nel vostro mondo. Raggiungere questo obiettivo è impossibile? Beh, in un certo senso, la verità sembra sempre impossibile. La promozione e la preservazione della verità sembra sempre che stia affrontando difficoltà insormontabili. Ma questo è solo perché la verità non è apprezzata, riconosciuta e sentita profondamente da un numero sufficiente di persone. Quello che farà uscire l'umanità da questa situazione è la stessa cosa che farà uscire l'umanità da ogni situazione. È affrontare la verità e fare quello che deve essere fatto.

Ci sono molte persone nel mondo di oggi che sono molto a disagio perché sanno che sta succedendo qualcosa di veramente sbagliato. Forse pensano che il loro disagio sia solo un loro problema psicologico. Forse pensano che sia solo un problema politico, economico o ambientale. Se non hanno la consapevolezza della Comunità Più Grande, allora devono concentrare la loro attenzione su qualcos'altro e cercare qualche altro tipo di causa. Ma sanno che c'è qualcosa che non va in quello che succede oggi. Le cose non sembrano giuste. Le cose si stanno muovendo in una direzione in cui non dovrebbero muoversi. Sta succedendo qualcosa che cambierà le cose, ma non in modo positivo. E le persone che sentono questo sono a disagio. Si svegliano con questo disagio; vanno a letto con questo disagio. È proprio lì. Lo sentono quando sono fuori nel mondo. C'è qualcosa che non va.

Da dove viene questo disagio? Perché è lì? Potete meditare. Potete andare in vacanza. Potete mangiare del buon cibo. E potete avere momenti di piacere. Ma poi si ritorna al disagio. C'è qualcosa che non va. Non è semplicemente perché c'è povertà o guerra o privazione nel mondo. Queste sono sempre state con voi. Sta succedendo qualcos'altro. Qualcos'altro non va proprio bene.

Eppure ti guardi intorno e la maggior parte delle persone sono ignare. Non lo sanno. Non lo sentono. Non gli interessa. Oppure hanno buone scuse. "Beh, sapete. È solo la natura umana" o, "Sai, è la paura della gente. Hanno solo bisogno di essere più amorevoli". E si sentono scuse davvero patetiche per qualcosa che è tremendo.

La vostra consapevolezza ha bisogno di crescere. Il vostro fuoco deve crescere e diventare più forte—il fuoco della verità, il fuoco della Conoscenza. Altrimenti, il vostro fuoco è sempre spento, spento dall'ambivalenza personale, dalla paura personale, dalla preferenza personale o dal tipo di svogliatezza che è il prodotto del Programma di Pacificazione.

La luce della verità deve diventare forte perché ci sono forze di oscurità più grandi qui ora. L'inganno è profondo e complesso. La negazione è pervasiva, e l'acquiescenza è pervasiva e cresce ogni giorno di più. Solo La Conoscenza dentro di voi può penetrare.

L'umanità sta perdendo la sua libertà, lentamente ma inesorabilmente, e in modo tale che questa perdita sarà molto completa a causa dell'astuzia dell'agenda che c'è dietro. Questo può accadere a causa delle predisposizioni di tante persone oggi. Questo può accadere a causa degli effetti del Programma di Pacificazione, che è così ben stabilito ora in molte parti del mondo.

Quindi, ci vorrà coraggio e una forte difesa per attivare quelle persone che già sentono il disagio, che già sentono il problema ma non riescono a identificarlo o identificarne la fonte. E ci vorrà una forte difesa per raggiungere quelle persone che hanno iniziato ad acconsentire, ma il cui senso di integrità è abbastanza intatto da sapere che c'è un problema dentro di loro e intorno a loro e che stanno lottando per mantenere la loro chiarezza mentale mentre la nebbia scende.

Per coloro che si sono arresi completamente, potrebbe non esserci una risposta. Potrebbero essere al di là della vostra portata. Ci vorrebbe un Potere Superiore, la Presenza Angelica, per raggiungerli. Ma anche qui, è abbastanza difficile perché la pacificazione può diventare così completa che le persone penseranno che la stessa mano della Grazia che sta cercando di salvarle sia proprio la cosa che devono evitare.

Potete raggiungere solo coloro che sono a disagio, che hanno la sensazione di sapere che la loro integrità viene violata e che hanno cominciato a sentire la persuasione dell'Intromissione ma non vi hanno acconsentito. Ci sono molte persone in questo campo. Non state parlando a una minoranza. Questa difesa richiede tempo. Non è qualcosa che si può fare in poche settimane, mesi o anni. È qualcosa che deve essere continuo.

L'emergere dell'umanità nella Comunità Più Grande sarà abbastanza difficile a causa dell'Intromissione. Richiede che una coscienza superiore sia coltivata, protetta e mantenuta in un numero sufficiente di persone. Richiede un maggiore livello di discernimento e discrezione, una maggiore attenzione alle persone con cui vi associate e a ciò che comunicate. Richiede una maggiore consapevolezza e sensibilità al mondo e a quelle forze che sono nel mondo ora e che esercitano un'influenza sull'umanità.

Sviluppare questa consapevolezza e questa sensibilità, stabilire la propria integrità personale e le relazioni che rappresentano questa integrità sono assolutamente fondamentali per il successo. Questo è ciò che manterrà viva La Conoscenza nel mondo. Questo è ciò che costruirà la libertà e la manterrà viva nel mondo. Questo è ciò che manterrà intatta l'umanità. Perché una volta che perdete la vostra integrità e la vostra libertà, è molto difficile riconquistarle. Molto difficile. Anche quando le persone hanno sacrificato la loro integrità per le relazioni o per il denaro o per un tornaconto vantaggioso, anche in queste circostanze più normali, è molto difficile riconquistarla. Dovete fare uno sforzo enorme e correre dei rischi. È più facile, quindi, restare fuori dai guai che uscirne. Non vi conviene diventare prigionieri del vostro mondo. Non vi conviene diventare prigionieri della vostra mente. Non vi conviene diventare prigionieri di nessuno o di nessun'altra cosa.

Se riusciste ad avere una prospettiva della Comunità Più Grande in queste questioni, riconoscereste che sebbene l'umanità abbia grandi difficoltà e gravi debolezze, è ancora relativamente libera nell'universo. Naturalmente, vivendo sulla superficie del vostro mondo in isolamento, non potete vedere questo perché non avete la prospettiva. Ecco perché i Briefing degli Alleati sono così preziosi, perché vi danno una prospettiva che voi stessi non potreste altrimenti avere. Come potreste paragonare voi stessi al resto della vita nell'universo? Come potreste capire il valore della vostra libertà se non riuscite a vedere che una libertà come questa è rara e deve essere ben protetta nella Comunità Più Grande?

Ecco perché gli Alleati forniscono una prospettiva maggiore. Eppure alcuni si lamenteranno: "Beh, non ci danno risposte. Non ci dicono date e fatti e cifre e luoghi". Non è questo che è importante. Sono la comprensione, la prospettiva, la coscienza superiore che sono criticamente importanti. A chi importa da dove vengono gli Alleati? I nomi dei loro mondi sarebbero insignificanti per voi. Non potrete andarci per molto tempo! Certamente non nella vostra vita. Gli Alleati vi stanno fornendo ciò che è importante che sappiate sulla Comunità Più Grande e sull'Intromissione. Vi stanno dicendo chi è qui, perché sono qui e cosa stanno facendo. Vi stanno indicando la strada verso ciò che deve essere fatto per opporsi a questa Intromissione, il che include lo sviluppo della consapevolezza della Comunità Più Grande e di una coscienza superiore.

Questo sviluppo deve essere sempre sottolineato. È di vitale importanza, altrimenti alla gente sfuggirà l'intero punto della questione. Presumeranno semplicemente che si trattasse solo di una cosa fenomenale che probabilmente non è comunque vera. Alcuni diranno: "Questi Alleati non ci dicono nemmeno i loro nomi o come sono arrivati qui". Questa è stupidità! Se Dio manda un emissario, negate l'emissario perché non risponde a domande banali? Dio ha mandato qui gli Alleati per aiutare a istruire l'umanità e per avvertirla dei gravi rischi che corre in questo momento.

Questo verrà negato perché non vengono fornite alcune informazioni banali?

Ecco perché lo sviluppo della consapevolezza della Comunità Più Grande è di vitale importanza ora. Questo è il motivo per cui la coscienza superiore deve essere promossa e preservata. Questo è il motivo per cui mantenete viva La Conoscenza nel mondo. È questo che deve essere sostenuto e onorato in questo grande punto di svolta.

Onorate questo materiale. Riconoscete che è un dono della Grazia. Rispondetegli. Abbiate il coraggio di farlo. Resistete alla pacificazione. Resistete all'influenza di diventare svogliati e insensibili alla vostra Conoscenza. Resistete alla tentazione di dedicarvi alla vostra felicità al di sopra di tutto il resto. Resistete alla tentazione di attaccare persone di altre fedi, culture o nazioni. Resistete all'Intromissione attraverso la consapevolezza, attraverso la difesa, attraverso la comprensione. Promuovete la cooperazione, l'unità e l'integrità umana.

Capire l'Intromissione

I Briefing degli Alleati dell'Umanità susciteranno molte domande. Questo è un bene perché queste domande devono essere poste e considerate. Non è semplicemente che le risposte debbano essere prontamente date, ma serve che le domande siano profondamente considerate e che chi fa le domande pensi da solo quali potrebbero essere le risposte.

Se l'umanità deve diventare forte e autodeterminata all'interno della Comunità Più Grande, allora deve avere più persone che possano pensare in modo indipendente e critico e considerare le cose profondamente.

Gli stessi Alleati rimarranno misteriosi. Per alcune persone questo sarà difficile da accettare, ma deve essere così, perché gli Alleati stanno davvero spiando l'Intromissione, e per proteggersi devono rimanere nascosti.

Gli stessi Alleati non divulgheranno molte informazioni sulla loro origine, le loro identità e così via. Sostengono che queste informazioni sarebbero insignificanti per la gente, ma in realtà la ragione maggiore di questo è che gli Alleati vogliono mantenere il loro anonimato. Questo anonimato protegge loro e le loro fonti.

Forse è difficile accettare queste cose all'inizio perché la gente non capisce le difficoltà della vita nella Comunità Più Grande. Non capiscono come La Conoscenza deve essere trasmessa da una razza all'altra, specialmente quando c'è una situazione come un'Intromissione in corso. In un certo senso, l'umanità è sotto assedio, anche se forse questa sembra una parola troppo forte perché le attività dei "visitatori" sembrano così sottili ed evasive. Ma visti i risultati di questa Intromissione, la parola "assedio" qui è davvero appropriata. Se cercate di aiutare un'altra nazione che è sotto assedio e volete rimanere nascosti, allora dovete proteggere voi stessi e le vostre fonti e comunicare in modo tale che il messaggio possa essere distribuito efficacemente con il minimo rischio che le informazioni vengano distrutte o corrotte in qualsiasi modo.

Questo è il motivo per cui il messaggio viene dato a una sola persona. Se fosse dato a molte persone, queste potrebbero forse interpretarlo male, e avrebbero versioni diverse di ciò che è stato dato, e poi si contenderebbero, e l'intero messaggio potrebbe essere perso o corrotto. Finché questa persona può continuare a ricevere l'informazione, e se ha abbastanza sostegno intorno a sé, allora questa è la migliore protezione contro l'incomprensione e contro l'insorgere del conflitto. Poiché si tratta di informazioni che l'umanità non può ottenere da sola, devono essere consegnate da coloro che nella Comunità Più Grande cercano di aiutarvi e che si preoccupano della vostra libertà nel futuro.

Come può l'umanità da sola capire la complessità delle relazioni nella Comunità Più Grande? Questo non è possibile. E se si tentasse di spiegare queste cose, beh, sembrerebbe fantastico, e la gente non avrebbe modo di verificarlo da sola, a meno che, naturalmente, non sia forte della Conoscenza.

Pertanto, gli Alleati rimarranno misteriosi. Alcuni lo capiranno. Alcuni non lo capiranno. Gli Alleati non possono rivelare molto in merito alla loro storia oltre a quello che vi hanno detto nei Briefing. Alcuni riescono ad accettarlo. Altri diventeranno sospettosi. Ma quello di cui stiamo veramente parlando qui è la discrezione. Non rivelate tutto alle persone all'inizio, quando possono a malapena capire o accettare le vostre offerte iniziali. Le loro prime domande devono rimanere senza risposta perché non hanno abbastanza fiducia nel loro contatto, e non hanno abbastanza fiducia nella propria Conoscenza, l'Intelligenza Spirituale dentro di loro, per poter discernere ciò che è vero e ciò che non è vero.

Poiché c'è così poca onestà nel mondo, ciò che è veramente onesto sarà sospettato e sarà considerato subdolo, specialmente da coloro che sono subdoli loro stessi. È infatti molto difficile presentare qualcosa di puro al mondo senza che sia contaminato o compromesso, anche all'inizio. La persona scelta per ricevere questi messaggi è scelta perché non ha una posizione nel mondo, perché non ha una posizione sociale e perché è stata ben preparata per questo. Sì, avrà delle domande, e ne ha di domande. Sì, avrà paura di certe cose, e ne ha avuta. Ma fintantoché lui è in grado di ricevere il messaggio e presentarlo in una forma pura, a prescindere che lui stesso riesca a comprenderlo pienamente o meno, questa è la cosa importante. Poiché il messaggio è in una forma pura e non è conforme alle aspettative, preferenze o credenze delle persone, all'inizio non tutti saranno in grado di comprenderlo. E ci saranno molte discussioni e molto sospetto, e molte paure saranno proiettate su di esso, in particolare da persone la cui precedente comprensione è sfidata in qualche modo da questa nuova rivelazione.

Ovviamente, la gente vorrebbe che gli Alleati fossero molte cose. Vorrebbero che gli Alleati fossero salvatori. Vorrebbero che gli Alleati fossero soccorritori. Vorrebbero che gli Alleati intervenissero e impedissero a qualsiasi altra forza della Comunità Più Grande di avere accesso al vostro mondo. E la gente si sentirà, forse, come se fosse stata tradita o delusa perché gli Alleati non sono qui per proteggere l'umanità. Ma pensate a questo. Se gli Alleati fossero qui per proteggere l'umanità, dovrebbero continuare a proteggere l'umanità, il che richiederebbe che loro, in effetti, assumano il controllo del vostro mondo. Tutti i governi del vostro mondo dovrebbero allora essere coordinati con le attività degli Alleati. Questo porterebbe alla vostra perdita di libertà, anche se la perdita della libertà è per mano di un amico.

Lo scopo degli Alleati non è quello di aggirare l'autorità umana. Non è il loro scopo cambiare i governi o le alleanze tra le nazioni. Il loro scopo è solo quello di osservare l'Intromissione e di consegnare i propri commenti. Se volete che qualcuno vi salvi, gli cederete il vostro potere affinché possa farlo. Gli Alleati non lo accetteranno. Anche se accumulassero la forza necessaria per espellere i visitatori che stanno interferendo negli affari umani, per porre fine all'Intromissione, beh, avreste guerra presso i vostri confini. Anche i mondi d'origine degli Alleati sarebbero minacciati, perché sono qui senza alcun permesso ufficiale di altri mondi o di sindacati commerciali o qualcosa del genere. Quello che vogliamo dire con questo è che gli Alleati non dovrebbero essere qui a fare quello che stanno facendo. Se pensate a questo, capirete. Anche nel vostro mondo, i vostri governi hanno agenti segreti che cercano di ottenere informazioni, che cercano di intervenire in certi modi, sia nel bene che nel male.

L'unica cosa che salverà l'umanità è l'umanità stessa. Affinché questo sia possibile, l'umanità deve avere una maggiore comprensione e adottare un approccio molto sobrio e obiettivo in merito alla vita nell'universo. Per come stanno ora le cose, in generale, la maggior parte delle persone ha una visione molto romantica della vita nell'universo. Sono abbagliati dalla tecnologia e vogliono di più. Pensano che il "contatto" porterà loro benefici incalcolabili. Pensano che le nazioni avanzate insegneranno all'umanità come vivere in pace, come mantenere l'ambiente e come elevare il livello di vita delle persone ovunque.

Pensate a questo. È possibile? Pensate che le persone vogliano che la loro vita sia cambiata e controllata da forze sconosciute? I visitatori possono promettere queste cose perché questo alimenta le aspettative e i desideri della gente. I visitatori dicono alla gente: "Oh, certo, vi daremo pace ed equanimità. Non abbiamo guerre". Volete cedere l'autorità della vostra vita e avere la vostra vita e le circostanze completamente controllate per una semplice promessa di maggiore tecnologia o una promessa di pace ed equanimità nel mondo? C'è pace nella prigione perché tutti sono controllati. Ma è davvero la pace? O è semplicemente la costrizione della guerra?

Poi ci sono persone nel mondo le cui posizioni finanziarie saranno minacciate dall'Intromissione, ed esse o resisteranno all'Intromissione per proteggere la loro ricchezza e i loro privilegi, o cercheranno di unirsi all'Intromissione per il proprio beneficio. Il loro unirsi all'Intromissione rappresenta uno scenario molto pericoloso, e bisogna essere abbastanza sobri e obiettivi per affrontarlo efficacemente.

Molte persone semplicemente andranno in negazione e diranno: "Beh, non può essere! Non ci credo. Le civiltà avanzate non si comportano così. E se sono qui, potrebbero aiutarci, e noi dovremmo dar loro il benvenuto!".

E naturalmente ci sono molte persone che semplicemente non riescono nemmeno a considerare queste cose perché la realtà dell'Intromissione è al di là della loro capacità di comprensione. La vita nell'universo? Beh, va bene, forse alle estremità della galassia, ma non qui!

E poi ci sarà gente che dirà: "Oh, questi Alleati hanno ragione! Dobbiamo difenderci! Costruiamo bunker e viviamo sotto terra e accumuliamo armi e diffidiamo di tutto e di tutti".

Quindi, è possibile che i Briefing degli Alleati creino un po' di isteria. È certo che ci sarà diniego. È certo che saranno condannati e attaccati da persone che hanno diversi punti di vista. Ma questo è il rischio che si deve correre quando si consegna un messaggio vitale, nel vostro mondo o in qualsiasi mondo.

La verità può essere ricevuta qui senza ansia e condanna? Bene, guardate la storia dei grandi Maestri Spirituali che sono diventati pubblici con i loro messaggi. Questo vi dà un'ottima dimostrazione. Alcune persone vengono raggiunte, e molte si scandalizzano. Ci sarà indignazione sui Briefing degli Alleati, ma alcune persone saranno raggiunte, e saranno in grado di raggiungere altre persone. Col tempo, una nuova comprensione e consapevolezza si faranno lentamente strada nella coscienza umana. Questa consapevolezza è di vitale importanza, perché l'umanità è grossolanamente impreparata per la Comunità Più Grande, così impreparata, infatti, che la situazione è diventata piuttosto disperata. Bisogna fare qualcosa o l'umanità darà via le chiavi del regno liberamente, apertamente, con pochissime domande.

Guardate la storia dei popoli del vostro mondo, i popoli nativi del mondo, quelli che hanno semplicemente acconsentito e hanno detto: "Oh, sì, bene. Benvenuti. Entrate pure. Noi vivremo qui e voi potrete vivere laggiù, e tutto andrà bene". Guardate cosa è successo qui. Questo nuovo scenario è davvero molto diverso? È una situazione molto difficile essere la razza che viene scoperta, essere i nativi di un nuovo mondo, essere visitati da altri che cercano i valori e la ricchezza e le opportunità del nuovo mondo. Questa è la situazione in cui si trova ora l'umanità.

Ma è una grande tragedia? Potrebbe diventare una grande tragedia, a seconda di come la gente risponde. Tuttavia, è anche una grande opportunità, perché la presenza di forze della Comunità Più Grande che intervengono negli affari umani è davvero l'unica grande possibilità per l'umanità di unirsi e diventare forte nella sua stessa difesa. Ci vuole qualcosa di questa portata per superare le animosità tribali e le storie tra le culture. Ci vuole qualcosa di più grande, un problema più grande, per unire le persone.

È come essere in una casa in fiamme. Se le persone in una stanza non vogliono parlare con le persone in un'altra stanza, e le persone al piano di sopra odiano le persone al piano di sotto, e la casa è in fiamme, beh, o ci si aiuta a vicenda, o si muore! Il mondo è come una casa in fiamme. È in fiamme a causa del degrado ambientale e dei crescenti conflitti tra nazioni e culture. Ma il fuoco più grande nel mondo è la presenza dei visitatori. Il fuoco più grande è l'Intromissione.

L'umanità può affrontare questi altri problemi, anche se non lo ha ancora fatto a sufficienza. Ma è capace di affrontare la presenza di coloro che vengono da oltre il mondo e possiedono capacità che l'umanità non ha ancora coltivato? Si può pulire il proprio cortile. Si può cambiare la struttura del governo. Si può lentamente, con grande difficoltà, portare una maggiore giustizia nel mondo, e in effetti questo deve essere fatto. Ma siete capaci di affrontare la realtà della vita intelligente proveniente da oltre il vostro mondo senza romanticismo, senza aspettative speranzose, senza avidità? Potete affrontarla con obiettività e onestà? Potete dire ai visitatori: "Va bene, se siete qui, allora dovete rivelare voi stessi e le vostre intenzioni, e noi determineremo se avete il diritto di essere qui o no!".

Come gli Alleati descrivono nei loro Briefing, l'umanità non dovrebbe lasciare nessuna razza straniera sul suo suolo senza il permesso della popolazione. Ovviamente, nelle circostanze attuali, questo permesso non è mai stato chiesto e mai concesso. Ecco perché si tratta di una Intromissione e non di una visita. I visitatori sono i benvenuti. Hanno chiesto il permesso di visitare. Sono qui in visita, con il permesso di chi viene visitato. Ma una Intromissione non ha questo permesso. È forzata su di voi. Qualcuno potrebbe dire: "Forse i visitatori hanno chiesto il permesso ed è stato negato dai governi del mondo". Bene, anche se fosse così, i visitatori dovrebbero andare per la propria strada e non essere qui. Anche se i governi del mondo avessero sbagliato a non accogliere la visita, se non è stata accolta, allora i visitatori non dovrebbero essere qui—a meno che non siano venuti proprio con lo scopo di conquistare e intromettersi.

Perché altrimenti si troverebbero qui e sarebbero così coinvolti negli affari umani, interessandosi così tanto della fisiologia umana, della psicologia e della religione? Pensate che gli manchino queste cose e che sia questo il motivo della loro visita? Pensate che vadano a rubare i libri dalla vostra biblioteca? Potrebbero ottenere tutte queste informazioni semplicemente essendo osservatori e raccogliendo tutti i vostri dati, le informazioni e le trasmissioni e così via. Non avrebbero bisogno di essere qui a interferire negli affari umani per imparare su di voi. Alcune persone pensano, "Beh, hanno bisogno delle nostre capacità riproduttive. Oppure hanno bisogno della nostra spiritualità. O hanno bisogno delle nostre emozioni. O hanno bisogno della nostra religione". Queste sono tutte sciocchezze. Questo è chiudere un occhio sull'ovvio.

Perché le nazioni intervengono l'una con l'altra? Pensate a questo. Non è diverso nella Comunità Più Grande. Si perde di vista l'ovvio. La gente vuole pensarla in altri modi perché è più facile da affrontare. Per carità, sì! Alcuni dicono: "Oh, sono qui perché hanno bisogno del nostro aiuto! Hanno bisogno delle nostre scorte di sangue. O hanno bisogno della nostra religione e noi li aiuteremo e ci sentiremo così bene con noi stessi e loro saranno così grati".

Alcune persone pensano: "Beh, sono qui per portarci una nuova tecnologia e aiutarci a porre fine all'inquinamento". Pensate che la gente e i governi userebbero questa nuova tecnologia in questo modo? Le nazioni del mondo si calpesterebbero a vicenda per avere questa nuova tecnologia al fine di avere superiorità e forza, perché le nazioni sono in competizione tra loro.

Alcune persone dicono: "Beh, sono qui perché vogliono studiarci". Perché dovrebbero volervi studiare? Potrebbero studiarvi ricevendo le vostre trasmissioni, che vengono proiettate nello spazio. Le vostre informazioni sono molto accessibili. Non è necessario che siano qui per studiarvi. E perché dovrebbero volervi studiare comunque? Perché spendere così tanto tempo e sforzi per studiare gli esseri umani? Pensate che questo sia un progetto scientifico? Pensate che sia un'esplorazione culturale? Pensate che l'umanità sia così affascinante, così meravigliosa e così notevole che altre razze spenderebbero questo tipo di tempo per studiarvi?

L'unica ragione per cui si studiano le razze è per un vantaggio economico o politico nella Comunità Più Grande. E queste razze vengono studiate senza il loro permesso. Vorresti che qualcuno ti dicesse: "Vorremmo studiarti. Vuoi essere il nostro esperimento di laboratorio per il resto della tua vita? Cercheremo di non farti del male". Sareste d'accordo? Soprattutto se scopriste che vi stanno usando per far sì che chi vi scruta approfitti di tutto ciò che siete e di tutto ciò che avete? Molte persone pensano: "Beh, i visitatori sono qui per aiutarci", ma in realtà sono qui per aiutare se stessi. E la gente rende loro molto facile farlo.

Quindi potreste chiedere, "Beh, perché non ci sono più persone consapevoli di questo?". La risposta a questo è difficile perché ha a che fare con diversi fattori. Il primo è il condizionamento culturale e religioso delle persone che davvero non offrono consenso alla realtà della vita intelligente nell'universo, indipendentemente dalle loro opinioni, forse anche ampie, sull'argomento.

Quando si arriva al dunque, non c'è posto nella consapevolezza umana per la vita nell'universo, a meno che non sia al livello di una forma di vita primitiva, naturalmente. Un pezzo di batterio va bene. Una razza intelligente che interviene negli affari umani non va bene.

I governi del mondo non riveleranno ciò che sanno perché non hanno difese. Poi le difese che hanno non possono utilizzarle pienamente senza informare il pubblico, e non si fidano che il pubblico, le loro stesse popolazioni, possano sostenere un tale sforzo senza andare nel panico. Il governo del vostro paese annuncerebbe pubblicamente: "Abbiamo una Intromissione in corso da parte di razze al di là del mondo. Non capiamo bene la loro tecnologia. Non siamo sicuri di tutte le loro attività. E non abbiamo difese contro di loro"?

La gente pensa che glielo si debba dire, ma la maggior parte della gente non riuscirebbe a gestirlo. Non potrebbero accettarlo. Scapperebbero e cercherebbero di nascondersi da qualche parte. Penserebbero che la fine del mondo è vicina.

Ci sono persone che sono consapevoli dell'Intromissione ma dicono: "Beh, dobbiamo stare molto attenti a non arrivare a conclusioni premature qui. Voglio dire, dobbiamo raccogliere più fatti. Abbiamo bisogno di più prove". Davvero? Per cosa? Non potete semplicemente vedere questo e saperlo per quello che è? Avete intenzione di passare il resto della vostra vita a metterlo insieme in piccoli pezzi? Questo non è un esperimento scientifico. Questa è l'interazione tra forme di vita!

Se vi venisse diagnosticata una malattia grave, vorreste diventare parte di un esperimento di laboratorio? O vorreste essere curati? Probabilmente vorreste stabilire un percorso di guarigione il più presto possibile, e se foste sinceri nel volervi liberare dalla vostra malattia, le dareste tutta la vostra attenzione. Ma certe persone trattano l'Intromissione come se fosse un esperimento scientifico, hanno intenzione di impiegare molto tempo per mettere tutto insieme, e non vogliono sbagliare. Nel frattempo, il loro mondo viene minato proprio sotto i loro piedi. Non lo sanno, non lo vedono e non vogliono arrivare a queste conclusioni perché sembrano non scientifiche, e sembrano oltraggiose, e dove sono le prove? E cosa sono le prove? Quanto bisogna vedere prima che sia chiaro? Data la natura clandestina dell'Intromissione, beh, non viene mostrato molto alla gente. Non alla luce del sole, comunque.

Così, tentando di essere scientifici, mettete insieme i pezzi, e siete sulla strada della ricerca della verità, e non ottenete la verità, e non avete ottenuto la verità, e non otterrete la verità. E siete ambivalenti sull'ottenere la verità perché se vedete davvero cos'è, beh, il vostro esperimento scientifico è finito. Ora dovete agire davvero! Dovete davvero fare qualcosa! E i vostri colleghi vi guarderanno come se foste pazzi, come se aveste perso la testa, come se aveste abbandonato la ragione e l'obiettività per prendere una posizione selvaggia e oltraggiosa. Così, per quanto si cerchi la verità, almeno in teoria, essa viene negata, e nessuno vuole correre il rischio di sapere qualcosa. Questa è una cosa molto difficile da accettare, tra l'altro. Noi lo capiamo. Potrebbe essere la cosa più difficile con cui avete mai fatto i conti, a parte la vostra mortalità.

Non ci aspettiamo che le persone lo accettino semplicemente al primo avviso. Ma dobbiamo affrontare quelle tendenze, credenze e atteggiamenti che impediscono alle persone di saperlo in qualsiasi momento. Non vi conviene aspettare di avere le prove, perché allora sarà troppo tardi. A quel punto, ci sarà ben poco da fare.

Allora la gente dirà: "Beh, i visitatori hanno davvero preso il controllo di tutto ora. Immagino che signifìchi che è per questo che sono qui!". E cosa farete allora? Protesterete? Scriverete lettere al vostro senatore? Vi lamenterete con i vostri amici? Questa è una situazione molto seria. Qui la gente deve correre dei rischi per vedere e conoscere. Ma anche nel rischiare, avete bisogno di aiuto perché non potete vedere quello che c'è oltre i vostri confini.

I popoli Nativi Americani potevano capire la complessità e la competizione tra le nazioni europee? No, non potevano. Non senza l'aiuto di una fonte più misteriosa. Infatti in quel tempo, la Presenza Angelica era attiva nel cercare di notificare ai popoli delle Americhe che stavano arrivando grandi e tragici cambiamenti. Ma come voi, i Nativi non erano in grado di reagire perché era al di fuori della loro visione del mondo. Non si adattava alle loro credenze o alla loro comprensione, così tali rivelazioni, nella misura in cui potevano essere rese disponibili alla gente, erano in gran parte rifiutate o ignorate. Pensate che la Presenza Angelica abbia semplicemente guardato dall'altra parte e lasciato che i popoli Nativi Americani venissero cancellati?

Le persone vogliono che le cose funzionino bene. Vogliono stare bene. E così non guardano, e se guardano, non vedono, e se vedono, non comprendono a causa di ciò che vogliono. La gente non vuole la guerra e, di conseguenza, nega la guerra fino a quando la guerra non la travolge. Invece di sradicare il conflitto all'inizio, non appena la scintilla è accesa, aspettano che il fuoco li raggiunga, e poi dicono: "Oh, dobbiamo fermarlo!".

La gente chiede: "Beh, cosa possiamo davvero fare?". C'è molto che potete davvero fare. Dovete iniziare con la consapevolezza. Dovete avere una comprensione di quello con cui avete a che fare. Non dovete permettere a nessuna forza aliena di mettere piede sul suolo di questo mondo senza l'espresso permesso della gente del vostro mondo. Voi avete questi diritti. Dovete esercitarli.

Qui è necessario avere una visione molto prosaica della vita nell'universo. Guardate le stelle. Esse sono fisiche. Questo non è il Paradiso che state guardando. Questo non è il vostro stato celeste. Tutti nell'universo, vivendo nella vita fisica, devono affrontare i rigori della vita fisica—sopravvivenza, competizione, difficoltà, privazioni. La tecnologia non pone fine a queste esigenze e a queste difficoltà. Infatti, può rendere le cose ancora più complicate. Risolve alcuni problemi e ne crea altri.

Dovete avere una visione adulta della vita nell'universo. Se avete una visione adolescenziale, non riuscirete a capire. E la vostra mancanza di comprensione potrebbe essere veramente tragica. La consapevolezza deve essere stabilita. Questo è lo scopo dei Briefing degli Alleati—stabilire la consapevolezza, non per rispondere a ogni domanda, non per darvi una comprensione completa, ma per darvi una consapevolezza. Ottenere una consapevolezza significa essere avvertiti di qualcosa. Non significa che tutte le vostre domande abbiano una risposta o vengano affrontate. Ma significa che siete consapevoli di qualcosa.

Il messaggio degli Alleati è molto semplice e molto breve, e per molti versi molto generale, perché è qui per suscitare la consapevolezza e per correggere i malintesi. Questo è il suo scopo. Oltre a questa consapevolezza, ci deve essere uno sviluppo nella comprensione spirituale, una consapevolezza dell'ambiente mentale e la volontà di stabilire una maggiore cooperazione tra nazioni e culture.

Questo è un problema mondiale. Non è un problema degli americani o degli inglesi o dei cinesi. È un fenomeno mondiale. L'Intromissione non premia una razza rispetto a un'altra, tranne nella misura in cui una razza può aiutare a esaudire le intenzioni di coloro che stanno intervenendo. In questo, c'è molta enfasi sull'America perché è la nazione più potente e influente. Ma questo è un fenomeno mondiale.

Voi come esseri umani siete sfidati. Il vostro diritto di essere qui, il vostro diritto di essere liberi e autodeterminati nell'universo, viene sfidato. Coloro che stanno intervenendo negli affari umani credono che non potete governarvi da soli e che distruggerete il mondo, così sentono che è loro diritto e privilegio intervenire. Il loro atteggiamento è: "Bene, questi esseri umani! Guardateli! Sono come animali! Noi porteremo ordine e struttura qui". E alcune persone penseranno: "Oh, è meraviglioso! Finalmente avremo ordine e struttura".

Volete davvero che l'ordine e la struttura vi siano imposti in questo modo e a questo livello? Non è questo il modo in cui l'umanità avanzerà o si eleverà. Non è così che l'umanità stabilirà la cooperazione e la pace nel mondo. Volete essere occupati? Perché questo è ciò che state affrontando. Una vasta occupazione globale. E molte persone diranno: "Beh, non posso occuparmi di questo. Ho altri problemi". Noi diciamo: "Quali altri problemi hai che sono più importanti di questo?". Sì, ci sono altre cose nella vita di ognuno che devono essere affrontate e risolte, ma non a spese di questa consapevolezza. Questa è la consapevolezza più importante che si può avere nella vita, in questo mondo, in questo momento.

Quindi, si comincia con la consapevolezza, e poi si deve studiare e imparare cose sulla vita nell'universo. E dove si può imparare questo? All'università? In chiesa? Dai tuoi genitori? Dai tuoi amici? Dal giornale? Oppure da una rivista? Un insegnamento riguardo alla vita nell'universo può essere appreso in parte dalla storia umana. La comprensione di come il mondo si è evoluto, le forze che lo hanno modellato, e come le nazioni hanno interagito tra loro, sono cose che vi insegneranno molto riguardo alla vita nell'universo, perché non è diverso. Sta solo accadendo su una scala molto più grande con molte più influenze e partecipanti diversi. Avete bisogno di una visione molto sobria della vita intelligente nell'universo. E dovete capire, contrariamente a ciò che molti oggi credono, che la tecnologia non vi salverà. Vi cambierà soltanto. La tecnologia non ha salvato nessuna razza nell'universo. Le ha solo cambiate.

Sì, ci sono nazioni che possono sopraffare e dominare altre grazie alla tecnologia. Ma queste nazioni di invasori sono state cambiate loro stesse dalla tecnologia. La tecnologia in realtà ti rende vulnerabile nella Comunità Più Grande. Se hai una tecnologia che nessun altro ha, beh, tutti vogliono quello che hai tu ora. E come farai a difendere quello che hai e proteggere quello che hai? È un problema che le persone molto ricche affrontano anche nel vostro mondo. Come faranno a proteggere la loro ricchezza e il loro privilegio? Questo cambia totalmente le loro vite, i loro amici, le loro priorità, e può davvero rendere la loro vita veramente miserabile, come spesso lo fa.

La migliore posizione nella Comunità Più Grande è essere autosufficienti, indipendenti ed estremamente discreti. Questa è saggezza su scala maggiore. Eppure potete capire dalla cultura umana e dalla vostra storia come questo possa essere vero e perché sia vero. La persona che ha appena vinto un milione di dollari va a dirlo a tutti? Beh, le cose cambierebbero se lo facesse. Discrezione, discernimento. Molto importante. Più importante ora che mai.

Perciò si può imparare molto dalla propria storia. Prendete un punto di vista oggettivo e dite: "Bene, questo è quello che succede quando nazioni con capacità diverse interagiscono".

Eppure molte persone pensano ancora: "È il destino manifesto. Deve essere così. È come stanno le cose. E non può essere cambiato. E sarebbe successo così comunque". Questo è ridicolo! Poteva accadere in molti modi diversi. Poteva andare in molti modi diversi. La storia non doveva andare come è andata. E ci sono altre persone nel mondo che pensano: "Beh, qualunque cosa accada è la cosa giusta da fare". Questo è ancora più ridicolo.

Eppure, mentre si può imparare molto studiando la storia, la cultura e la psicologia umana, ci devono essere anche nuove informazioni, una nuova prospettiva. Non è semplicemente di nuove informazioni che avete bisogno, quanto di una prospettiva più ampia. Se guardate le cose nel modo in cui le avete sempre guardate, vedrete ciò che avete sempre visto. E non verrà rivelato nulla di nuovo. Quindi, per avere una nuova comprensione, una nuova rivelazione, è necessaria una prospettiva diversa. Altrimenti, la mente protegge semplicemente quello in cui già crede e respinge o combatte tutto ciò che lo sfida.

Una nuova prospettiva spirituale e una comprensione della spiritualità nell'universo vengono fornite tramite l'Insegnamento nella Spiritualità della Comunità più Grande. Invece di ricevere questo dono dal Creatore, alcune persone potrebbero dire: "Bene, tutto questo viene da una persona. Diventerà così ricco e potente!". Ah! Noi speriamo che lui non sia distrutto, in realtà. È una benedizione avere tutto questo dato al mondo tramite te? È davvero una benedizione essere calunniati e condannati o addirittura divinizzati dalle persone? Noi riteniamo che sia un grande peso e un grande sacrificio accettare una tale responsabilità. La cosa migliore che puoi sperare è l'anonimato, ma non lo avrai perché prima o poi le persone scopriranno. "Bene, questa persona dice davvero di avere qualcosa che nessun altro ha", dopo di che la gente farnetica in merito a ciò. "Come può qualcuno dire questo! Chi pensa di essere! Dev'essere in combutta con il diavolo! E se sta galoppando con gli angeli, beh, perché lui deve essere l'unico e non io?". Vedete, è difficile essere un messaggero.

Eppure qualcuno deve farlo. E una persona ha bisogno di grande assistenza altrimenti non può essere fatto. Deve avere una grande fiducia in se stesso, una grande fiducia nel Creatore e un grande discernimento per capire se è guidato correttamente o erroneamente. Certamente, chiunque stia proteggendo il proprio denaro o la propria posizione sociale non potrebbe essere in una tale posizione senza un grande conflitto personale.

Perciò qui sono necessarie nuove informazioni, una nuova prospettiva, una prospettiva della Comunità Più Grande. Bisogna cominciare a pensare come qualcuno che vive in una Comunità

Più Grande e non semplicemente come qualcuno che vive in un quartiere o in una città. La prospettiva può essere appresa. E quando si acquisisce una nuova prospettiva, in particolare una prospettiva più grande come questa, beh, si possono vedere e sapere cose che semplicemente non erano ovvie prima. E queste cose non saranno basate sulla speculazione ma sulla chiara osservazione.

A un certo punto direte: "Beh, è ovvio che nessuno dovrebbe farci visita senza il nostro permesso!". Questo diventa ovvio. In questo momento, le persone neanche pensano mai di fare questa domanda. "Beh, non lo so...". A un certo punto, si diventa consapevoli che le razze spiritualmente avanzate non vanno in giro a intromettersi nei mondi degli altri. Possono inviare messaggi attraverso osservatori, come gli Alleati dell'Umanità, ma non interferiscono. Le razze spiritualmente avanzate nell'universo non lo fanno, indipendentemente dalle loro culture, dai loro mondi, dai loro temperamenti o dalle loro nature, perché questa è saggezza e la saggezza è universale. Quindi, solo perché qualcuno può volare in un'astronave e arrivare qui velocemente, relativamente parlando, pensare che sia spiritualmente avanzato, beh, questa è ignoranza. Così, quando si acquisisce una prospettiva della Comunità Più Grande, ci si rende conto che i saggi non intervengono. I saggi non vengono qui a cambiare tutto.

Ci sono circostanze in cui il materiale genetico sarà dato a una razza in evoluzione, ma non è quello che sta accadendo nel mondo in questo momento, ve lo possiamo assicurare. L'umanità ha tutto quello di cui ha bisogno per avere successo. Non ha bisogno di tecnologia avanzata. Non ha bisogno di materiale genetico alieno. Chiunque cerchi di dirvi il contrario fa parte dell'Intromissione o la sostiene inconsapevolmente.

L'umanità ha bisogno di una nuova prospettiva. Ma dentro di voi, e dentro la razza umana, c'è il seme della Conoscenza, la vostra Mente Spirituale. Questa Conoscenza è antica ed è sempre stata con voi. Se riuscite a scoprirla, vi rivelerà ciò che dovete sapere e ciò che dovete fare. Tutti coloro che nascono oggi nel mondo nascono con il potenziale per comprendere la Comunità Più Grande, perché questo è il momento in cui l'umanità prende contatto con la vita nell'universo, che noi chiamiamo la Comunità Più Grande. Questa comprensione è già in voi.

Se una razza aliena vi dice: "Bene, siamo qui per migliorare il vostro codice genetico", non dovete crederci. Non è vero. Se davvero volete essere un animale da laboratorio, se davvero volete essere sottoposti a un'occupazione, se pensate che questo sia ciò che significa avere un contatto con la vita nell'universo, allora cosa vi farà cambiare idea? Sperimentare l'occupazione e svegliarvi un giorno e dire: "Mio Dio! Non sono più una persona libera e non ho alcun ricorso"?

È troppo audace dire che questo è il problema più importante del mondo e che Dio ha dato una risposta e la risposta è stata data in un insegnamento? È troppo audace dire che questo è il problema più importante del mondo e che Dio ha dato una risposta, e la risposta è stata data attraverso una persona? In quale altro modo verrebbe data la risposta? Verrebbe data a cento persone? Se lo facesse, il messaggio non verrebbe mai fuori.

Quando Gesù è venuto, c'erano forse cento Gesù, tutti in competizione tra loro? "Beh, il mio Gesù è il vero Gesù, ma il tuo non lo è!". Non è così che una rivelazione viene portata al mondo, perché non funziona.

Noi siamo oltre il mondo. Noi siamo gli Angeli. Quindi possiamo dire cose audaci e poi andare da un'altra parte. Non dobbiamo affrontare le ripercussioni. Ci limitiamo a consegnare il messaggio e la gente o delira o ne viene illuminata. Ma noi siamo altrove. Non ci riguarda.

Tuttavia, per il messaggero è un'altra storià. Deve affrontare tutte le reazioni che si verificheranno. Non è un lavoro facile. Siate felici che non vi sia stato dato questo lavoro. Ma capite che man mano che la vostra realizzazione avviene, dovrete difendere anche voi questa consapevolezza. Non avrete la difficoltà che ha il messaggero, ma affronterete tutte le cose di cui stiamo parlando. Vedrete gli effetti dell'Intromissione. Vedrete gli effetti del Programma di Pacificazione. Vedrete quanto la gente è svogliata, quanto è critica e quanto è in negazione. E tutta la loro indignazione, tutto il loro sospetto, tutta la loro paura e tutto il loro evitare, lo vedrete. Sarà chiaro come il giorno. Capirete allora come avviene la rivelazione nel mondo. Quando il messaggio deve essere dato e il tempo è cruciale, è così che avviene. Questa è la difficoltà. Questa è la sfida.

Il vero problema alla fine non è l'Intromissione, anche se quello è un problema reale. Il problema più grande è la capacità umana di reagire. La capacità delle persone di rispondere. La mancanza di reazione. La reazione ignorante. La reazione negativa. Se la gente non può reagire, beh, il mondo sarà dato via.

Non ci sono molti visitatori nel mondo. Il loro numero non è così grande. Ma il loro lavoro è reso facile dall'acquiescenza umana e dall'ignoranza umana. Di nuovo, la risposta. La capacità di risposta. Responso-abilità. Se non c'è capacità di risposta, beh, la gente non risponderà, e l'occupazione avverrà, proprio sotto i loro piedi. E la gente penserà: "Oh, bene, sta succedendo qualcosa nel mondo. Le cose stanno certamente cambiando!". E sembrerà che vada tutto bene finché non scopriranno di cosa si tratta veramente.

Ecco perché in questo momento viene consegnato un messaggio urgente. La consapevolezza è la prima cosa. Poi dovete imparare a conoscere la vita nella Comunità Più Grande, cosa che potete iniziare a fare guardando il vostro mondo in modo oggettivo. Poi dovete cominciare ad acquisire una prospettiva della Comunità Più Grande e imparare la vita e la spiritualità nell'universo. Questo viene ora presentato nell'insegnamento sulla Spiritualità della Comunità Grande. Non tutti saranno in grado di imparare questo insegnamento, ma un numero sufficiente di persone in molti luoghi avrà bisogno di accedervi per comprendere ciò che sta accadendo.

L'umanità potrebbe porre fine all'Intromissione domani se fosse informata e consapevole. L'umanità potrebbe prevenire una futura Intromissione di questo tipo se fosse informata, consapevole e unita. La gente è così preoccupata per se stessa che le sue frontiere non sono difese. Oh, sì, hanno confini, tra di loro, confini tremendi, muri, resistenza e ostilità. Ma i vostri confini con lo spazio non sono difesi. Non avete muri per impedire all'esterno di entrare perché non pensate che ci sia un esterno che possa entrare o che entrerà.

Questo, quindi, è un momento di coraggio, fiducia e onestà. È tempo di fare i conti dentro di sé. Leggete i Briefing degli Alleati e chiedetevi: "Cosa so veramente?" non, "Cosa voglio?" o, "Cosa preferisco?" o, "Cosa credo?" ma "Cosa so veramente qui? Sta succedendo davvero?". Consultate La Conoscenza dentro di voi se potete, non le vostre idee, le vostre paure o le vostre credenze, ma qualcosa di più profondo dentro di voi. È lì che avverrà la vera conferma. E ci vorrà un grande coraggio per chiederlo, perché questa consapevolezza cambierà la vostra vita. Vi renderà liberi. E vi darà la direzione. Ma dovete essere disposti ad avere questo cambiamento dentro di voi. Questa è la rivelazione che avviene in ogni persona. La si resiste molto. La si ritarda molto. Ma se può avvenire, è la cosa più preziosa.

Vi mandiamo le nostre benedizioni e vi chiediamo di ricevere questo consiglio e di prenderlo in considerazione, perché dovete prendere voi la decisione finale. Noi possiamo solo informare. Non possiamo controllare. La Presenza dei Maestri è con voi.

MESSAGGIO DI
MARSHALL VIAN SUMMERS

Come destinatario dei *Briefing degli Alleati dell'Umanità*, so cosa significa ricevere una visione e una comprensione più grandi delle proprie. Può essere allo stesso tempo travolgente, illuminante e confuso, in quanto contrasta con molto di ciò che già diamo per scontato e crediamo. Ora capisco che dobbiamo oltrepassare la soglia del nostro isolamento umano per entrare in un panorama di vita molto più ampio, in cui noi esseri umani, posizionati sul nostro prezioso mondo, non siamo altro che un piccolo, fragile filo all'interno del più ampio tessuto della vita nell'universo.

Il dono dei *Briefing degli Alleati dell'Umanità* è duplice. Il primo dono è quello di avvertirci di un pericolo imminente che stiamo affrontando, il secondo è quello di preparare l'umanità alla vita più grande che ci attende. Questo richiede che iniziamo a pensare e ad agire come se fossimo parte di una Comunità Più Grande di vita intelligente e non solo membri di una nazione, tribù, religione o gruppo elitario. Questo richiede che impariamo le realtà della vita e il significato della nostra spiritualità all'interno di questa Comunità Più Grande. I *Briefing degli Alleati* e l'Insegnamento nella *Spiritualità della Comunità Più Grande* sono qui per rivelarci queste cose.

La vita ci sta facendo avanzare rapidamente e ci costringe ad affrontare realtà che non abbiamo mai dovuto affrontare prima. La Comunità Più Grande è una nuova realtà. Andiamo avanti per affrontarla o restiamo indietro con le nostre paure, i nostri pregiudizi e la falsa sicurezza delle nostre vecchie convinzioni? Non possiamo più adottare un approccio passivo e aspettare che il nostro governo e i nostri leader religiosi ci guidino in queste questioni. Potrebbero sapere meno di noi, oppure la loro posizione potrebbe essere compromessa da ciò che non vogliono che sappiamo. Pertanto, i *Briefing degli Alleati dell'Umanità* vengono inviati direttamente alle persone. È qui che deve risiedere il vero potere. Il destino e il futuro dell'umanità sono ora nelle nostre mani, di ognuno di noi. Il Creatore ci ha dato il potere di affrontare questa e ogni altra sfida e opportunità che la vita ci pone davanti. Questo potere è racchiuso in un'intelligenza più profonda che tutti possediamo, una Conoscenza più profonda del nostro intelletto, delle nostre convinzioni o delle nostre supposizioni. Ricordate per un attimo i momenti in cui inspiegabilmente *sapevate* qualcosa. Questo è il tipo di Conoscenza di cui parlo. Questa è la Conoscenza di cui parlano gli Alleati.

La vera domanda che ci troviamo dinanzi è: siamo abbastanza grandi da accettare il potere e la responsabilità di una conoscenza così diretta? Riusciamo a vedere la verità, ad ascoltare la verità, a riconoscerla e ad avere il coraggio di agire in base ad essa? Vogliamo perderci per sempre nei nostri infiniti conflitti e controversie? Il tempo stringe. Dobbiamo oltrepassare la soglia del nostro isolamento per vedere ed essere preparati all'arrivo della Comunità Più Grande e a tutto ciò che essa significa. La preparazione non inizia con i nostri leader che fanno qualcosa. Inizia con voi, con me e con la prossima persona che avrà la fortuna di ricevere questa nuova comprensione dagli Alleati dell'Umanità.

La prospettiva di cui abbiamo bisogno è qui. Accogliete questa nuova consapevolezza della vita nell'universo e condividetela con gli altri. Lasciate che questa nuova consapevolezza faccia luce sul significato e lo scopo della vostra vita nel mondo in questo momento. Unitevi al crescente movimento di persone che stanno iniziando a rispondere alla Comunità Più Grande. L'appello è arrivato. È tempo di rispondere.

MARSHALL VIAN SUMMERS

UNA SPERANZA NUOVA
NEL MONDO

La speranza nel mondo viene riaccesa da quelli che diventano forti con La Conoscenza. La speranza si può affievolire e poi può essere riaccesa. Può sembrare che vada e venga sulla base delle oscillazioni delle menti delle persone e delle scelte che fanno per se stesse. La speranza rimane con te. Il fatto che gli Unseen Ones siano qua non significa che ci sia speranza, perché senza di te non ci sarebbe speranza. Perché tu e altri come te state portando una nuova speranza nel mondo, perché state imparando a ricevere il dono della Conoscenza. Questo porta una nuova speranza nel mondo. Forse in questo momento non lo potete vedere nel suo pieno. Forse sembra che vada oltre la vostra comprensione, ma da un punto di vista superiore è così vero ed è così importante.

La comparsa del mondo sulla scena della Comunità Più Grande parla a supporto di ciò, perché se nessuno si stesse preparando per la Comunità Più Grande, be', allora la speranza se ne andrebbe e il destino dell'umanità sembrerebbe estremamente prevedibile. Ma perché c'è speranza nel mondo, perché c'è speranza in te e in altri come te che stanno rispondendo a una chiamata superiore, il destino dell'umanità serba una promessa più grande e la libertà dell'umanità potrebbe essere messa al sicuro.

◆

TRATTO DA *PASSI VERSO LA CONOSCENZA*
— *PROSEGUIMENTO DELLA FORMAZIONE*

Resistenza
E
Potenziamento

♦

RESISTENZA E
POTENZIAMENTO

Agire — Che cosa potete fare

A ogni passo, gli Alleati ci incoraggiano ad assumere un ruolo attivo nel discernere e contrastare l'Intromissione extraterrestre che si sta verificando nel nostro mondo oggi e, nel processo, a iniziare a costruire la libertà umana, la cooperazione e l'unità che possono garantire la nostra libertà e il nostro futuro nella Comunità Più Grande. Abbiamo il potere di farlo. Dipende da noi.

Per contrastare l'Intromissione e raggiungere questa unità saranno necessarie, in ultima analisi, capacità, impegno e cooperazione da parte di persone di diverse discipline, culture e tradizioni religiose. Tutto inizia con la consapevolezza. Pertanto, il nostro primo compito è diffondere questa nuova consapevolezza della Comunità Più Grande e il messaggio dei *Briefing degli Alleati* al maggior numero possibile di persone. Ci sono quattro cose che tutti possono fare *adesso*:

- SVILUPPA LA TUA CONSAPEVOLEZZA. Non lasciare che la vita di tutti i giorni offuschi la consapevolezza di questa grave situazione. Studia e rileggi i Briefing degli Alleati. Esplora le domande che suscitano. Considera l'Intromissione per quello che è, cogli le sue implicazioni più ampie e vedi come potrebbe influenzare la tua vita e il futuro di tutto ciò che per te ha valore. Studia la Via della Conoscenza. È così che gli Alleati hanno acquisito forza e saggezza. Sono studenti della Conoscenza.

- CONDIVIDI IL MESSAGGIO DEGLI ALLEATI CON GLI ALTRI. I vostri amici e familiari (e persino i vostri nemici) hanno bisogno di sentire questo messaggio. Il vostro governo, le vostre aziende e i vostri leader religiosi hanno bisogno di sentire questo messaggio. Diffondete questa nuova consapevolezza. Condividete questa nuova prospettiva. Prestate attenzione alle opportunità di promuovere la vostra causa. Queste informazioni devono essere condivise il più ampiamente possibile. Tutti hanno il potenziale per vedere la verità sull'Intromissione, ma potrebbero non vederla mai se nessuno gliela mostra. In questo modo, questo messaggio vitale può diffondersi rapidamente ed efficacemente attraverso molte reti umane.

- SOSTIENI L'UNITÀ E LA SOVRANITÀ UMANA NEL NOSTRO MONDO. Usate la presenza dell'Intromissione come un grido di battaglia per la cooperazione e l'unità umana. Denunciate apertamente qualsiasi forma di conflitto nazionale, culturale e religioso. Nessuna nazione o gruppo sarà vittorioso se il mondo intero sarà perduto. È tempo di rafforzare la famiglia umana. Come ci dicono i *Briefing degli Alleati*, un'umanità divisa non avrà alcun potere né efficacia nella Comunità Più Grande.

- SOSTIENI IL LAVORO DI MV SUMMERS E DELLA SOCIETY FOR THE GREATER COMMUNITY WAY OF KNOWLEDGE, che hanno ricevuto i Briefing degli Alleati e sono i primi a sostenere questa grande causa. Sono sei miliardi le persone da raggiungere con il Messaggio degli Alleati e l'Insegnamento nella Spiritualità della Comunità Più Grande. Il tuo contributo finanziario è urgentemente necessario per rendere possibile la diffusione mondiale di questo messaggio cruciale, al fine di cambiare il corso della storia dell'umanità. Visita il sito web della Society all'indirizzo: www.newmessage.org/it

Ci troviamo ora di fronte a una grande soglia. La vostra partecipazione e il vostro contributo sono fondamentali per il successo di questa grande causa. Nessun altro farà questo lavoro per l'umanità. Sta a noi e ad altri come noi sostenere questa causa e iniziare a costruire questa nuova consapevolezza in tutta la famiglia umana. Come in tutte le grandi cause, tutto inizia con individui ispirati e piccoli gruppi di persone che rispondono a un grande bisogno. E sicuramente questo è il bisogno più grande di tutti.

12 PUNTI RIASSUNTIVI DEI BRIEFING DEGLI ALLEATI DELL'UMANITÀ

◆

Per aiutarvi a condividere il Messaggio degli Alleati e i Briefing con gli altri, stiamo includendo questo riassunto in 12 punti delle quattro serie di Briefing. Questo riassunto rappresenta solo una panoramica generale e non include molti dei dettagli importanti che rendono possibile la completa comprensione dei Briefing degli Alleati. Visitate www.alliesofhumanity.org/it per una versione scaricabile da condividere con altri.

1. Il destino dell'umanità è quello di emergere in una Comunità Più Grande di vita intelligente nell'Universo e di interagire con essa.

2. Il Contatto con altre forme di vita intelligente rappresenta la più grande soglia che l'umanità abbia mai affrontato. Il risultato di questo Contatto determinerà il futuro dell'umanità per le generazioni che succederanno. Questo contatto sta avendo luogo ora.

3. L'umanità non è preparata per il Contatto. I ricercatori non sono ancora in grado di vedere con chiarezza chi sta visitando il nostro mondo e perché. I governi non stanno rivelando

ciò che sanno, e la maggior parte della gente nega ancora il fatto che questo fenomeno stia avendo luogo.

4. A causa di questa mancanza di preparazione, i veri alleati dell'umanità hanno mandato dei rappresentanti in un luogo vicino alla Terra con lo scopo di osservare la presenza extraterrestre e le attività nel nostro mondo. I Briefing degli Alleati dell'Umanità rappresentano il loro resoconto.

5. Questi Briefing rivelano che il nostro mondo sta subendo un'Intromissione extraterrestre da parte di forze che, come dimostrato dalle loro azioni, sono qua per sovvertire l'autorità umana e integrarsi, a proprio vantaggio, nelle società umane. Queste forze rappresentano organizzazioni non militari che sono qua per cercare risorse umane e biologiche. Gli Alleati si riferiscono a queste forze con il nome "Collettivi". I Collettivi non danno alcun valore alla libertà umana.

6. Poiché l'Intromissione è portata avanti da piccoli gruppi di forze intrusive, la stessa si deve affidare principalmente sull'imbroglio e sulla persuasione al fine di conseguire i propri traguardi. I Briefing degli Alleati descrivono in dettaglio le modalità con le quali ciò viene realizzato e che cosa dobbiamo fare per fermarli.

7. Questa Intromissione extraterrestre si focalizza su quattro arene:

- Sta influenzando persone in posizioni di potere e di autorità affinché esse collaborino con loro, dietro la promessa di grande ricchezza, potere e tecnologia.

- Sta creando nel mondo delle infrastrutture nascoste, dalle quali l'Intromissione può esercitare la sua influenza nell'Ambiente Mentale, cercando di rendere conforme a loro la gente di ogni luogo, attraverso il loro "Programma di Pacificazione".

- Sta manipolando i nostri valori religiosi e i nostri impulsi religiosi al fine di ottenere fedeltà umana per la loro causa.
- Sta prelevando le persone contro la loro volontà e spesso senza che loro se ne rendano conto, al fine di supportare un programma di ibridazione studiato per creare una razza ibrida e una nuova classe di leader che sia legata ai "visitatori".

8. Quei visitatori extraterrestri che sono stati potenzialmente positivi per l'umanità si sono tutti ritirati dal mondo in vista dell'Intromissione. Tutti quelli che restano sono razze aliene che non sono qua per il nostro bene. Questo ci lascia in una situazione priva di ambiguità per quanto riguarda la presenza extraterrestre. Questo ci mette in grado di vedere chiaramente con chi abbiamo a che fare, altrimenti sarebbe impossibile distinguere gli amici dai nemici.

9. I Briefing degli Alleati enfatizzano il grave pericolo che corriamo accettando e diventando dipendenti dalla tecnologia ET che viene offerta dall'Intromissione. Questo ci porterà solo a dipendere dai "visitatori", provocando la nostra perdita di libertà e di autosufficienza. Nessun vero Alleato dell'Umanità ci offrirebbe questo. Gli Alleati enfatizzano il fatto che siamo già in possesso di soluzioni terrestri per i problemi che stiamo affrontando. Quello che ci manca come razza è unità, volontà e cooperazione.

10. Nonostante la grande sfida che abbiamo ora da affrontare, l'umanità ha ancora un grande vantaggio, se sarà in grado di

reagire in tempo. I Briefing degli Alleati ci rivelano sia le forze dell'Intromissione, che le loro debolezze. Una delle debolezze dell'Intromissione è il fatto che loro si affidano all'acquiescenza e alla collaborazione umana, al fine di conseguire i loro obiettivi. Sulla base delle regole di comportamento della Comunità Più Grande, nell'ambito della regione nella quale esistono i nostri mondi, l'Intromissione non è consentita a meno che non si riesca a dimostrare che le genti native la benvengono e approvano. Qua le nostre voci possono avere forza nella Comunità Più Grande. Al momento l'Intromissione ha pochi che la criticano, ma se abbastanza persone riescono a diventarne consapevoli e a pronunciarsi contro la stessa, l'Intromissione sarà repressa e dovrà ritirarsi. Questo è il primo passo nella preparazione dell'umanità al fine di gestire le realtà della vita nell'Universo. Questo passo e tutti i passi che seguiranno daranno all'umanità la sua vera unica possibilità di superare i suoi annosi conflitti e di unirsi per difendersi e per preservare il proprio mondo. Gli Alleati affermano che noi, come esseri umani, abbiamo la forza spirituale e collettiva per farlo e che lo dobbiamo fare se vogliamo sopravvivere e avanzare come una razza libera e indipendente, nella Comunità Più Grande.

11. La preparazione per il nostro contatto con la Comunità Più Grande inizia con la consapevolezza, la formazione e con La Conoscenza, che è la nostra Mente spirituale.

12. Nell'affrontare la Comunità Più Grande, l'umanità deve costruire unità, autosufficienza e discrezione. Questi sono i tre requisiti che tutte le nazioni libere devono stabilire per essere libere nell'universo.

Ci troviamo ora di fronte a una grande soglia. La vostra partecipazione e il vostro contributo sono fondamentali per il successo di questa grande causa. Nessun altro farà questo lavoro per l'umanità. Sta a noi e ad altri come noi sostenere questa causa e iniziare a costruire questa nuova consapevolezza in tutta la famiglia umana. Come in tutte le grandi cause, tutto inizia con individui ispirati e piccoli gruppi di persone che rispondono a un grande bisogno. E sicuramente questo è il bisogno più grande di tutti.

♦

"Se l'umanità fosse ben erudita nelle faccende della Comunità Più Grande, resisterebbe contro qualsiasi visitazione nel proprio mondo a meno che non vi sia un accordo stabilito a monte. Sapreste bene di non lasciare che il vostro mondo sia così vulnerabile."

GLI ALLEATI DELL'UMANITÀ, LIBRO PRIMO
IL TERZO BRIEFING

Appendice

♦

DEFINIZIONE DEI TERMINI

GLI ALLEATI DELL'UMANITÀ: Un piccolo gruppo di esseri fisici, provenienti dalla Comunità Più Grande (Greater Community), nascosti nell'ambito del nostro sistema solare, nelle vicinanze del nostro mondo. La loro missione è quella di osservare, relazionare e avvisarci delle attività dei visitatori alieni e dell'intromissione nel mondo oggi. Essi rappresentano i Saggi di molti mondi.

I VISITATORI: Diverse razze aliene della Comunità Più Grande, che stanno "visitando" il nostro mondo senza il nostro permesso e che stanno interferendo attivamente nelle faccende umane. I visitatori sono impegnati in un lungo processo di integrazione della loro razza nel tessuto e nell'animo della vita umana, con lo scopo di ottenere il controllo delle risorse del mondo e della sua popolazione.

L'INTROMISSIONE: La presenza dei visitatori alieni, il loro scopo e le loro attività nel mondo.

IL PROGRAMMA DI PACIFICAZIONE: Il programma di persuasione e di influenza dei visitatori, mirato a disarmare la consapevolezza e il discernimento delle persone circa l'Intromissione, al fine di rendere passiva e conforme l'umanità.

LA COMUNITÀ PIÙ GRANDE (GREATER COMMUNITY): Lo spazio. Il vasto Universo fisico e spirituale che contiene vita intelligente in innumerevoli manifestazioni, entro il quale l'umanità sta emergendo.

GLI UNSEEN ONES: Gli Angeli del Creatore che sovrintendono lo sviluppo spirituale degli esseri senzienti in tutta la Comunità Più Grande. Gli Alleati si riferiscono a loro chiamandoli gli "Unseen Ones". Nell'Insegnamento sulla Spiritualità della Comunità Più Grande, vengono anche definiti "Maestri della Comunità Più Grande".

DESTINO UMANO: L'Umanità è destinata a emergere nella Comunità Più Grande. Questa è la nostra evoluzione.

I COLLETTIVI: Complesse organizzazioni gerarchiche composte da diverse razze aliene che sono reciprocamente legate da un'alleanza comune. Più di uno di questi collettivi, ai quali appartengono i visitatori alieni, sono attualmente presenti oggi nel mondo. Questi collettivi hanno agende che sono in competizione fra loro.

L'AMBIENTE MENTALE: L'ambiente di pensiero in cui le menti più concentrate esercitano influenza mentale e persuasione sulle menti più deboli.

LA CONOSCENZA: L'intelligenza spirituale che vive all'interno di ogni persona. La fonte di tutto quello che conosciamo. Comprensione intrinseca. Saggezza eterna. La parte di noi che è fuori dal tempo, che non può essere manipolata o corrotta. Un potenziale insito in tutta la vita intelligente. La Conoscenza è Dio in te e Dio è tutta La Conoscenza nell'Universo.

LA VIA DELLA CONOSCENZA: Vari insegnamenti nella Via della Conoscenza che vengono insegnati in molti mondi nella Comunità Più Grande.

SPIRITUALITÀ DELLA COMUNITÀ PIÙ GRANDE: Un insegnamento spirituale del Creatore che viene praticato in molti luoghi della Comunità Più Grande. Insegna come sperimentare ed esprimere La Conoscenza e come preservare la libertà individuale nell'universo. Questo insegnamento è stato inviato qui per preparare l'umanità alle realtà della vita nella Comunità Più Grande.

NOTE SU MARSHALL VIAN SUMMERS

Marshall Vian Summers può essere in definitiva riconosciuto come una delle figure più profetiche emerse nella nostra epoca. Dal 1983, scrive e insegna con discrezione una spiritualità che riconosce l'innegabile realtà del fatto che l'umanità vive in un universo vasto e popolato e che ora ha urgente bisogno di prepararsi per la sfida di entrare a far parte di una Comunità Più Grande di vita intelligente.

MV Summers insegna La Conoscenza e la Saggezza senza tempo della Comunità Più Grande, che sono così necessarie nel mondo di oggi se l'umanità vuole superare la corruzione e i conflitti e prepararsi alla Comunità Più Grande. I suoi libri, *Spiritualità della Comunità Più Grande: Una Nuova Rivelazione* e *Passi verso La Conoscenza: Il libro del sapere interiore*, vincitore del premio "Libro dell'Anno 2000 per la Spiritualità", presentano insieme un nuovo paradigma spirituale che potrebbe essere considerato la prima "Teologia del Contatto". Dell'intera raccolta delle sue opere, circa venti volumi, solo una piccola parte è stata pubblicata dalla New Knowledge Library. Queste opere rappresentano insieme alcuni degli insegnamenti spirituali più originali e avanzati apparsi nella storia moderna.

Marshall è il fondatore della Society for the New Message, un'organizzazione no-profit 501(c)(3) dedicata a diffondere nel mondo una nuova consapevolezza del ruolo dell'umanità nell'universo. Con i libri *Gli Alleati dell'Umanità*, Marshall diventa forse la prima figura di spicco a lanciare un chiaro monito sulla vera natura dell'intromissione extraterrestre in atto nel mondo, invocando responsabilità personale, preparazione e consapevolezza collettiva.

La sua opera pionieristica, *La vita nell'Universo*, presenta l'intera portata della sua rivelazione sulla natura della vita e della spiritualità in questo panorama più ampio in cui viviamo, chiamato "Comunità Più Grande". Ha dedicato la sua vita a ricevere queste rivelazioni sulla Comunità Più Grande e si impegna a condividere questo "Nuovo Messaggio" con quante più persone possibile.

Scopri di più su Marshall Vian Summers:

www.marshallsummers.com

Ascolta e guarda gli insegnamenti mondiali di
Marshall Vian Summers:

www.youtube.com/marshallviansummers

LIBRI DEL NUOVO MESSAGGIO

God Has Spoken Again (Dio ha parlato di nuovo)

The One God (L'unico Dio)

The New Messenger (Il nuovo Messaggero)

The Greater Community (La Comunità Più Grande)

The Journey to a New Life (Il viaggio verso una nuova vita)

The Power of Knowledge (Il potere della Conoscenza)

The New World (Il nuovo mondo)

The Pure Religion (La religione pura)

Preparing for the Greater Community
(Prepararsi per la Comunità Più Grande)

Preparing for the Great Waves of Change
(Prepararsi per le Grandi Onde del Cambiamento)

The Worldwide Community of the New Message from God
(La comunità mondiale del Nuovo Messaggio da Dio)

Steps to Knowledge (Passi verso La Conoscenza)

Greater Community Spirituality
(Spiritualità della Comunità Più Grande)

Relationships and Higher Purpose (Le relazioni e lo scopo superiore)

Living The Way of Knowledge (Vivere La Via della Conoscenza)

Life in the Universe (La vita nell'Universo)

The Great Waves of Change (Le Grandi Onde del Cambiamento)

*Wisdom from the Greater Community: Books One and Two
(La saggezza dalla Comunità Più Grande - Libri Uno e Due)*

Secrets of Heaven (I segreti del Cielo)

*The Allies of Humanity Books One, Two, Three and Four
(Gli Alleati dell'Umanità - Libri Uno, Due, Tre e Quattro)*

www.ingramcontent.com/pod-product-compliance
Lightning Source LLC
Chambersburg PA
CBHW022018090426
42739CB00006BA/195